Tirso de Molina

# La república al revés

Barcelona **2024**
**Linkgua-ediciones.com**

## Créditos

Título original: La república al revés.

© 2024, Red ediciones S.L.

e-mail: info@Linkgua-ediciones.com

Diseño de cubierta: Michel Mallard.

ISBN tapa dura: 978-84-9953-795-5.
ISBN rústica: 978-84-9816-517-3.
ISBN ebook: 978-84-9953-254-7.

# Sumario

## Brevísima presentación

### La vida

Tirso de Molina (Madrid, 1583-Almazán, Soria, 1648). España. Se dice que era hijo bastardo del duque de Osuna, pero otros lo niegan. Se sabe poco de su vida hasta su ingreso como novicio en la Orden mercedaria en 1600 y su profesión al año siguiente en Guadalajara. Parece que había escrito comedias, al tiempo que viajaba por Galicia y Portugal. En 1614 sufrió su primer destierro de la corte por sus sátiras contra la nobleza. Dos años más tarde fue enviado a la Hispaniola (actual República Dominicana), regresó en 1618. Su vocación artística y su actitud contraria a los cenáculos culteranos no facilitó sus relaciones con las autoridades. En 1625, el Concejo de Castilla lo amonestó por escribir comedias y le prohibió volver a hacerlo bajo amenaza de excomunión. Desde entonces solo escribió tres nuevas piezas y consagró el resto de su vida a las tareas de la orden.

## Personajes

Irene, emperatriz
Constantino, su hijo
Carola, infanta
Lidora, dama suya
Melisa, pastora
Florilo, pastor
Italio, pastor
Honorato, senador
Cuatro guardas
Unos presos
Camila, criada
Roselio, Infante
Leoncio, camarero
Andronio, caballerizo
Macrino, secretario
Dos criados
Tarso, pastor
Dinampo, pastor
Damón, alcalde
Clodio, galán
Liso, pastor
El rey de Chipre
Relator
La Fortuna
Unos cazadores
Soldados

## Jornada primera

(Salen marchando soldados, y detrás de ellos Irene, armada con bastón y corona de emperatriz.)

Irene            Cesen, griegos, las trompetas;
cesen las cajas también;
haced los pífanos rajes
y los clarines romped;
abatid los estandartes
y no los enarboléis,
que el placer de mis victorias
ya es pesar y no placer.
¡Ay, Constantinopla ingrata,
patria a tus hijos cruel!
¿Éste es mi recibimiento?
¿Éste el triunfo imperial es?
¿Así mis hazañas pagas,
cuando entrar en ti pensé
sobre el victorioso carro
entre el bélico tropel?
¿Cuando entendí que el senado,
debajo el palio y dosel
me llevara a Santa Sofia
yo a caballo y él a pie,
y adornando tus paredes
de damasco y brocatel,
tus calles, de flores llenas,
fueran calles de un vergel?
¿Agora, cuando aguardaba
recibir el parabién
de tantos reinos ganados,
tantos cetros a mis pies;
ahora, senado ingrato;

ahora, griego sin ley,
el imperio me quitáis
porque mi hijo goce de él?
Yo le quiero coronar,
pues vosotros lo queréis,
descubra su excelso trono
el imperial sumiller,
y ruego al cielo que os rija,
vasallos griegos, tan bien,
que defienda vuestro imperio
sin que me hayáis menester.

(Tocan música; descubren una cortina detrás de la cual estará, debajo de un dosel, Constantino, y a sus lados, y en pie, Leoncio, Andronio, Macrino, y otros. A un lado, en una mesilla, estará sobre una fuente de plata la corona, el estoque, y el mundo.)

Constantino          Injustas quejas has dado,
madre, en aquesta ocasión
al griego imperio y senado
que muestran el ambición
con que el mundo has gobernado.
    ¿Qué mayores quejas dieras
si, cuando a Grecia vinieras
triunfando con regocijo,
en vez de imperar tu hijo
un extraño imperar vieras?
    ¿Tan mal, madre, galardona
el imperio tu persona,
si el día que entras triunfando
a tu hijo le está dando
del imperio la corona?
    Basta, que tu desatino
—que este nombre ha de tener—

a vituperarme vino;
Semíramis querrás ser
y hacerme a mí infame Nino.
    Porque mientras que atropellas
bárbaros, y cuerpos huellas
con guerra que el mundo abrasa
me quede encerrado en casa
hilando con tus doncellas.
    Hijo tienes que ya alcanza
en la milicia alabanza;
holandas, madre, dibuja;
que a la mujer el aguja
le está bien, mas no la lanza.

Irene            Si hombre en el imperio hubiera,
Constantino, que hasta ahora
le amparara, Irene fuera
Penélope tejedora,
no Semíramis guerrera.
    Mas si cuando el Persa vino
las telas del raso y lino
con oro y perlas bordara,
¿quién sus escuadras echara
del imperio, Constantino?
    Los hombres no, que en regalos
y femeniles placeres,
por huir sus intervalos
hilaran como mujeres
y fueran Sardanapalos.

(Tocan música y sube a coronarle Irene; pónele la corona en la cabeza.)

            Hágate Dios gran monarca,
y tanto, que este laurel

**11**

ciña lo que el Sol abarca,
y triunfes del moro infiel
sin que lo estorbe la Parca.

(Dale el estoque.)  Toma aqueste estoque agudo
que hoy te ofrece, emperador,
tu imperio, limpio y desnudo,
en señal que en su favor
has de acudir como acudo.

Dátele limpio y derecho
porque en ninguna ocasión,
si has de ser juez de provecho,
le ha de manchar la pasión
ni ha de torcerle el cohecho.

Si por dádivas le sueltas
vivirás con mil revueltas,
que el juez que por interés
tuerce la justicia es
espada con muchas vueltas.

La cruz de este estoque mira,
y verás salir a luz
un consejo que me admira;
siempre has de mirar la cruz
cuando estuvieres con ira;

que su piadosa presencia
amansará tu violencia,
y fue invención extremada
poner juntas en la espada
la justicia y la clemencia.

(Dale el mundo.)  Toma este globo, en quien fundo
tu imperio, y serás gigante,
o nuevo Alcides segundo,
pues, cual si fueras Atlante,
te han cargado todo el mundo.

Siempre has de vivir así,

la espada desenvainada
junto al mundo que te di,
porque en dejando la espada
te dejará el mundo a ti.
Quiero decir que es en vano
el librar de algún tirano
tu imperio si te desarmas,
que el reino que está sin armas
deslízase de la mano.
Tenlo bien, siendo prudente,
que con la prudencia sola
gobernarás bien tu gente,
porque como el mundo es bola
rodaráse fácilmente.
La cruz que ves de ese modo
es la ley de Dios, y estima
su ley, a que te acomodo,
que por aqueso está encima,
porque Dios es sobre todo.
Con tres cruces galardona
el imperio tu persona,
y cada cual es pesada;
púsote cruz en la espada,
en el mundo y la corona.
Ruego al cielo que no des,
cuando ruede la Fortuna,
con tanta Cruz al través,
que si Dios cayó con una,
¿que harás tú llevando tres?

Constantino       Cesa, madre, de agorarme,
si no quieres enojarme,
que yo me sabré tener,
y cuando venga a caer

**13**

será para levantarme.
Constantino soy, mi nombre
dice constancia; resiste
tu temor y no te asombre,
que pues que tú te tuviste,
yo me tendré, que soy hombre.
Vamos, amigos, que presto
veréis a mis plantas puesto,
sin temor de enojos vanos,
el mundo que está en mis manos.
Mas —¡válgame Dios!— ¿qué es esto?

(Levántase y al bajar cae en tierra con el estoque que se le quiebra, el mundo y la corona.)

Caí en tierra y la espada
se me quebró.

Irene

Mi recelo
aumenta la suerte airada.

Leoncio

La corona dio en el suelo,
y el mundo.

Constantino

No se os dé nada,
que a tanta soberbia vuelo
que si con caer no diera,
señal que me basta el suelo,
guerra al mismo cielo hiciera
hasta conquistar el cielo.

Irene

Diversa interpretación
adivina el corazón.
Ahora bien, yo determino

irme a vivir, Constantino,
a una aldea y recreación
   que dos leguas de este espacio
está, donde en su floresta
seré, viviendo despacio,
si hasta aquí Belona, Vesta,
que ya me enfada el palacio;
   y dando a Marte de mano,
imitaré a Diocleciano,
que tuvo por vituperio
la púrpura del imperio
hecho en Dalmacia hortelano.

Constantino     Bien haces, anda con Dios,
que allí podrá tu viudez
descansar.

Irene               Trono, de vos
caí en tierra una vez
y no quiero caer dos.
   En vos me vi entronizada,
mas caí por ser pesada,
y es milagro asiento falso
que, cayendo de tan alto,
no salgo descalabrada.

Constantino     ¿Vaste?

Irene               Aguardo a que me des
los brazos.

Constantino          Adiós, que es tarde;
acompañadla los tres.

| Irene | Dios, griego imperio, te guarde, |
|---|---|
| | que vas a dar al través. |

(Vase. Salen dos criados.)

| Criado I | Una flota entra en la barra |
|---|---|
| | y alegre en el puerto amarra, |
| | dando al viento los grumetes, |
| | flámulas y gallardetes. |

| Constantino | A ocasión vendrá bizarra, |
|---|---|
| | si es mi esposa, que ella sola |
| | aguardo. |

| Criado II | Griego monarca, |
|---|---|
| | la bella infanta Carola |
| | en el puerto desembarca. |

| Constantino | ¿Mi esposa es? ¡Caballos, hola! |
|---|---|

(Vanse todos si no es Leoncio, y quédase el mundo en tierra.)

| Leoncio | Mundo, en tierra os han dejado; |
|---|---|
| | ¿cómo estáis tan despreciado? |
| | Con honra poca os reciben; |
| | mas no es mucho que os derriben |
| | por los que habéis derribado. |
| | ¿Levantaréos, mundo? Sí, |
| | que aunque pagáis mal, me fundo |
| | en levantaros, vení; |
| | mas pues os levanto, mundo, |
| | levantadme vos a mí. |
| | Pero si he de caer luego, |
| | dejadme así, mundo ciego, |

que será el subir trabajo
si me habéis de echar abajo.

(Dentro.)

Voz                     Leoncio, emperador griego.

(Ábrese el mundo en cuatro partes, y de en medio sale una mano con una corona de laurel.)

Leoncio                 ¡Cielos! El mundo se ha abierto
                        y una mano sale de él
                        que, haciendo mi temor cierto,
                        me da el imperial laurel.
                        ¿Sueño? No, que estoy despierto.
                        Buenas señales son éstas,
                        si no se vuelven funestas;
                        vamos, que quiero pagaros,
                        mundo, este bien con llevaros,
                        aunque sois pesado, a cuestas.

(Vase. Suena ruido de desembarcar. Dicen de dentro.)

Marinero I              ¡Chipre!

Marinero II                  ¡Constantinopla!

Todos                           ¡Grecia! ¡Grecia!

Marinero III            Echa a tierra la puente y pasadizo.
                        ...........................[ -ecia].

(Salen por una puerta Constantino, Leoncio, Andronio y Macrino; por otra parte echan desde la popa de una galera un pasadizo al tablado, y bajan por él Carola, la infanta; Lidora, dama; Roselio, su hermano, y otros.)

Constantino        Palafrenes traed, caballerizo,
                   para la Infanta y damas.

Roselio                              ¡Qué bien precia
                   esta ciudad el mundo, y qué bien hizo
                   el magno Constantino en ilustrarla
                   y con su nombre, imperio y silla honrarla!

Carola                      ¡Famoso puerto y espaciosa playa!
                   No es tal la de mi patria Famagusta.

Roselio            Dudo que igual en toda Europa la haya.

Macrino            Ya está en tierra la que ha de ser Augusta.

Roselio            El César viene.

Carola                              ¡Ay, Dios! Aquella saya
                   compón, Lidora, presto; el cuello ajusta.

Lidora                     Todo está bueno, no llegues a ello.

Carola             ¿Y el tocado?

Lidora                              También.

Carola                                  Mira el cabello.

Constantino        Deme su mano vuestra gran belleza.

**18**

| | |
|---|---|
| Carola | Más razón, gran monarca, es que yo pida la vuestra. |
| Constantino | ¿Cómo viene vuestra alteza? |
| Carola | Para serviros, vengo agradecida al mar, que en paz a ver vuestra grandeza me trajo. |
| Constantino | Quedará la mar corrida de que la tierra, bella Infanta, os cobre, pues sin vuestra belleza queda pobre. |
| Roselio | Envidiosa a lo menos justamente puede estar del favor que con vos gana, invicto emperador de todo oriente, a sus orillas mi dichosa hermana; y por la mucha parte que al presente me cabe de merced tan soberana, los pies os beso, emperador augusto. |
| Constantino | Roselio, Infante, alzad. |
| Roselio | Aquesto es justo. |
| Constantino | ¿Dejaste con salud al rey? |
| Roselio | Con ella para serviros queda. |
| Constantino | ¿Y a Ariodante? |
| Carola | El príncipe, mi hermano, se querella de que haya coyuntura semejante |

para os servir y ver, y que con ella
......................... [ -ante]
le detenga mi padre. Levántale, Lidora.

(Cáesele un guante, levántale Lidora, dásele de rodillas, y túrbase
Constantino en verla.)

Constantino          ¿No hay criados aquí? Dejad, señora;
                     del suelo os levantad, y...

(Aparte los dos.)

Leoncio                                  ¿No oyes esto?
                     ¿No miras cómo el César se ha quedado?

Andronio             Tiene la dama garabato y gesto
                     picante.

Leoncio                    Y aun el alma me ha picado.

Carola               ¿Qué accidente, señor, ha descompuesto
                     vuestro semblante así? ¿Qué os ha turbado?

Constantino (Aparte.) (¡Válgame el cielo! ¡Que un mirar suave
                     suspenda el alma y sus sentidos trabe!
                         ¿No es bueno que al momento que me vieron
                     aquellos ojos cuya luz me abrasa
                     dio un vuelco el corazón y suspendieron
                     sus actos mis suspiros? Lo que pasa
                     a los que ayuda al homicida dieron,
                     que entrándole a buscar el juez, la casa
                     trasiega toda, de ese mismo modo
                     me ha trasegado amor el pecho todo.)

**20**

| | |
|---|---|
| Carola | ¿No me diréis, señor, qué os ha turbado? |
| Constantino | No sé a fe; un accidente sentí ahora<br>que me inquieta, algo que... |
| Carola | ¿Y hase aliviado? |
| Constantino | Un poco estoy mejor; venid, señora,<br>que mientras mi imperial corte y senado<br>estatuas os levanta y arcos dora,<br>y la entrada magnífica os previene,<br>fuera de la ciudad que estéis conviene.<br>    Mi palacio de monte es maravilla<br>de toda Grecia, y sus jardines bellos<br>distan de la ciudad sola una milla;<br>a los de Chipre olvidaréis en ellos,<br>sus cercas besan de la mar la orilla. |
| (Aparte.) | (Y yo tengo de ser, si llego a ellos,<br>Tarquino de Lidora, si es Lucrecia,<br>aunque se pierda como Roma Grecia.) |
| Carola |     Como yo viva en vuestra compañía,<br>de Chipre olvidaré prados y huertos,<br>que sois emperador del alma mía,<br>y así con vos son Chipres los desiertos. |
| Constantino | ¡Ay Sol hermoso de mi oscuro día;<br>de mi muerte verás indicios ciertos<br>si no te gozo! |
| Carola | Yo soy desdichada,<br>a estáis malo, señor, ¿qué habéis? |
| Constantino | No es nada. |

Venid, infanta. Apreste Grecia fiestas
en mi casa del monte, que a mi esposa
festejen.

Carola                    Todas me serán molestas
hasta que de esa suspensión penosa
la causa sepa.

Constantino          (Aparte.)
                                   (Amor, hoy manifiestas
la fuerza de tu mano poderosa.)
(Hablan los dos aparte.)                                    ¡Ay Leoncio!

Leoncio                    ¿Qué tienes?

Constantino                              ¿No es Lidora
mejor para imperar que su señora?

Leoncio          Mucha belleza tiene, mas no es tanta
que merezca, señor, ser preferida
a la infanta.

Constantino                    ¿Qué dices a la infanta,
al Sol de quien recibe su luz vida?
Emperatriz la haré.

Leoncio                              Si así te encanta,
gozarla puedes, sin que aqueso impida
el imperar tu esposa.

Constantino                              ¿Es vituperio,
que a quien el alma doy la dé mi Imperio?
Ya aborrezco, Leoncio, vive el cielo,
la hermosura que alabas en Carola.

| | |
|---|---|
| Leoncio (Aparte.) | (Y a mí, con ser el corazón de hielo, le ha bastado a encender Lidora sola.) |
| Constantino | ¿Qué dices? |
| Leoncio | Que te dio hechizos recelo. |
| Constantino (A ella.) | Dices verdad; vio el alma y hechizóla. Vamos, señora. |
| Leoncio (Aparte.) | (Si esta pasión dura, la vida he de perder por su hermosura.) |

(Vanse. Salen Dinampo, Florilo, Tarso y Melisa, pastores.)

| | |
|---|---|
| Dinampo | Mi parecer es de viejo. ¿La emperatriz a la aldea? Que muy bien venida sea; haga fiestas el concejo. |
| Tarso | ¿Por qué es la fiesta? ¿Quién viene al puebro? |
| Florilo | La emperadora. |
| Tarso | ¿Cuándo? |
| Florilo | Luego. |
| Tarso | ¿Agora? |
| Florilo | Agora. |

| | |
|---|---|
| Tarso | ¿Que la emperatriz Irene<br>viene? Pues ¿a qué? |
| Dinampo | A vivir,<br>en su casa de pracer. |
| Tarso | ¿Y el imperio? |
| Dinampo | Era mujer<br>y no le pudo sufrir. |
| Tarso | Pesa mucho; ¿mas en quién<br>le renunció? |
| Dinampo | En Constantino. |
| Melisa | ¡Oh, qué grande desatino! |
| Tarso | Plegue a Dios que lo haga bien. |
| Florilo | Diz que es un disparatado. |
| Tarso | Dejemos esto y vení,<br>que pues ella viene aquí<br>he de ser muy su privado. |
| Dinampo | Luego, ¿conóceos? |
| Tarso | Sí, a fe. |
| Dinampo | Pues haráos mucho servicio. |
| Florilo | Buena vida. |

| | |
|---|---|
| Tarso | Será vicio; |
| | con ella me entretendré. |

(Vanse. Salen Lidora y Constantino.)

| | |
|---|---|
| Lidora | Tu Alteza, invicto César, se reprima; |
| | que aunque es de mucha estima que el augusto |
| | me tenga amor, no es justo, ni conviene, |
| | que quien a servir viene, se prefiera |
| | a su señora. |

| | |
|---|---|
| Constantino | Espera, por el cielo, |
| | que de mi fuego, es hielo su presencia. |

| | |
|---|---|
| Lidora | Más muestra la experiencia que le abrasa, |
| | pues tan presto se casa vuestra alteza; |
| | porque, si su belleza le enfriara, |
| | claro está que aguardara que en la corte, |
| | pues no hay para qué importe que sea agora |
| | le diera mi señora como esposa |
| | la mano generosa. Mas pues veo |
| | que le obliga el deseo a que en un monte |
| | y desierto horizonte dé la mano |
| | a mi señora, es llano que le aflige |
| | la dilación, y elige lo más breve |
| | por mejor; que a ser nieve, no se diera |
| | tal prisa; que el que espera, cuando arde |
| | todo lo juzga tarde y, si aborrece, |
| | un siglo le parece que es instante. |

| | |
|---|---|
| Constantino | Cuando alzastes el guante que me distes, |
| | y viéndoos yo, rendistes mis suspiros; |
| | por no verse perdidos previnieron |
| | el remedio que vieron conveniente; |

y como amor ardiente se repara
con otro amor, gustara que este medio
sirviera de remedio. Remediarme
quise con desposarme, porque he oído
que entre esposa y marido amor desnudo
hace un sabroso nudo. Desposéme,
aborrecí, y heléme tan helado,
que aunque no la he gozado, ya me siento
con arrepentimiento de lo que he hecho.
El tálamo y el lecho que me espera
esta noche quisiera se abrasara.
Si yo a Carola amara, ¿de qué modo
a vos, Lidora, toda el alma diera?
La llama verdadera, y el perfeto
amor, solo a un objeto se termina,
solo a un blanco se inclina su sentido;
que el amor repartido no merece
nombre de amor, ni ofrece amor sus leyes
tan capaces...

Lidora          Los Reyes, griego augusto,
tienen muy ancho el gusto y apetito.
Nunca tiran a un hito solamente;
en su amor aparente hay la mudanza,
que en su misma privanza venlo todo,
y el ver como es de modo, que de él nace
cuando el objeto aplace el desearlo
y es fácil alcanzarlo, porque adquieren
los Reyes cuanto quieren; sus empleos
son como sus deseos: pues ¿qué mucho,
si a la experiencia escucho, esta certeza
que quiera vuestra alteza a mi señora
la emperatriz y ahora juntamente
a mí obligarme intente?

Constantino                     Bien arguyes,
pero no me concluyes; porque entiendas
que tus hermosas prendas solo han hecho
tributario mi pecho y a ti sola,
despreciando a Carola, estimo y quiero,
esta noche prefiero tu hermosura
a la suya; procura que entretanto
que con su negro manto está la noche
del transparente coche desterrada
goce el alma abrasada tu belleza;
que tú serás cabeza de mi imperio,
y en dulce cautiverio presa el alma
que tienes puesta en calma, haré que el orbe,
sin que la envidia estorbe dichas tantas,
se postre a aquesas plantas; tu señora
te servirá, Lidora, y aunque sea
emperatriz, no crea ningún hombre
que lo es más que en el nombre.

Lidora                           ¡Qué abundante
que promete un amante pretendiente,
y qué apocadamente cumple luego
que se aplacó su fuego! No harás nada;
quedaréme criada, pobre y sola,
y emperatriz Carola; muy mal labras
tus gustos con palabras, pues son viento.
En cumpliendo tu intento seré necia
y fea; la que precia el primer fruto
es cuerda y da tributo al yugo tierno
del sacramento eterno, que al fin dura.

Constantino       La perfecta hermosura nunca enfada;
mas después de gozada, si es perfeto

el amor, más sujeto está el amante,
más firme, más constante y apacible;
¿no es siempre apetecible lo que es bueno?

Lidora              Lo bueno como bueno, es gran regalo;
pero en razón de malo mala cosa.

Constantino         ¡Ay mi discreta hermosa que me vences
cada instante y convences! Yo te adoro,
y aunque el bello tesoro de tus brazos
con violentos abrazos hoy pudiera
forzarle si quisiera, no me agrada
la voluntad forzada, y al contrario
el amor voluntario me combate;
de remedio se trate que me abraso,
mi Sol, mi luz, mi fe.

Lidora                             Paso, Constantino.

Constantino         Si me amas, determino hacer que Oriente
dé perlas a tu frente y cuanto abarca;
serás griega monarca y reina sola;
mandarás a Carola.

Lidora (Aparte.)              (¡Oh interés loco!
Venciste poco a poco, mucho puedes;
cazáronme tus redes.)

Constantino                    ¿Correspondes
a mi amor? ¿Qué respondes?

Lidora                          Que, pues fuerza
no me has hecho, me fuerza no haberla hecho
a que dentro del pecho te reciba.

| | |
|---|---|
| Constantino | ¡Viva Lidora, viva tu hermosura!<br>¡Ya es cierta mi ventura! |
| Lidora | El cómo traza,<br>y adiós, que me embaraza la vergüenza. |
| (Aparte.) | (¿Qué habrá en el mundo que interés no venza?) |

(Vase.)

Constantino        Sansón, ¿qué vale cuando al campo sale
con las puertas a cuestas que de Gaza
arranca fiero, si una mujer traza
que en la tahona, ciego, a un bruto iguale?
    ¿Qué vale Alcides con amor; qué vale
cuando leones vence y despedaza,
si vuelta rueca su invencible maza
a hilar le obligan el amor y Onfale?
    Sardanapalo, no tuvo vergüenza
cuando sentado cual mujer le vieron
desceñirse la rueca por regalo.
    ¿Qué mucho, pues, que una mujer me venza,
no siendo yo más fuerte que lo fueron
Sansón, Alcides y Sardanapalo?

(Sale Leoncio.)

Leoncio        ¿Yo competencia a un César? ¿Yo a su dama
amor? Cielos, ¿qué es esto? Mas, ¿qué importa
que compita en amar, si en el imperio
compito? ¿Una voz dulce no me ha dado
nombre de emperador? Pues si pretendo
lo más, que es el imperio, ¿qué milagro
que pretenda lo menos, que es Lidora?

Mas —¡ay!— vana ambición, déjame un poco,
que temo que me quieres volver loco.

Constantino          ¡Leoncio!

Leoncio                         Gran señor.

Constantino                         Ya dio Lidora
el deseado sí de mi esperanza;
el tálamo aprestado aquesta noche
para Carola, quiero que lo ocupe
la Venus Cipria que me abrasa el alma.

Leoncio (Aparte.)    (¿Qué escucho, cielos? Pues, señor, ¿tú esposa?)

Constantino          No me la nombres; volveráse a Chipre
con su padre.

Leoncio                         ¿Qué dices, gran Monarca?
Hoy te acabas de desposar con ella,
¿y quieres con afrenta tan notable
que a su padre se torne?

Constantino                         Pues ¿qué agravio
le puedo hacer, si antes de gozarla
a su padre la vuelvo?

Leoncio                         Dirá el mundo
mil oprobios de ti, y el rey, su padre,
podrá con justa causa hacerte guerra.
Mira, señor, que tienes en tu corte
a Roselio, su hermano, y que en sabiendo
el agravio que hacerle determinas
incitará a su padre a la venganza.

| Constantino | Poco importa, que echándole de Grecia |
| | y ocupándole lejos en la guerra |
| | no sabrá mis intentos. El ejército |
| | que está en Egipto contra el Soldán turco |
| | no tiene capitán general, quiero |
| | con este cargo honroso desterrarle |
| | y hacer que allá le den veneno o muerte, |
| | quitaremos de en medio aqueste estorbo. |
| | Otra dificultad hay mayor que ésa, |
| | que es el estar mi madre viva y libre, |
| | y temo que si ve mis desvaríos |
| | ha de quitarme libertad e imperio; |
| | que la adoran de suerte los soldados |
| | de toda Grecia, que me dicen lloran |
| | por verla del imperio retirada. |
| | Pero si con prenderla quedo libre, |
| | prenderéla. |
| | |
| Leoncio | ¿Qué dices? |
| | |
| Constantino | Pues ¿es mucho |
| | que por asegurar mi gusto, prenda |
| | a mi padre, mi madre y mi linaje? |
| | De aquesta suerte viviré seguro. |
| | Tomaré por achaque de prenderla |
| | que levantarse quiso. Llama a Andronio |
| | y haz que a mi madre ponga en una torre, |
| | y toma aquesta llave de mi cámara, |
| | y engañando a Carola, haz que a Lidora |
| | en su lugar aquesta noche goce, |
| | que yo voy luego a despachar a Egipto |
| | a Roselio; que importa que se parta |
| | para quitar estorbos a mi gusto. |

(Vase.)

Leoncio          ¡Ay ciego Emperador! ¡Ay loco Augusto!
No querrá el cielo ni mi amor que goces
aquesta noche a quien el alma he dado.
La llave de su cámara es aquésta,
yo haré que entienda ser Lidora hermosa
la que le aguarda en su lasciva cama,
cuando a acostarse vaya, y que esté en ella
la pobre emperatriz que ya aborrece;
que yendo a oscuras con silencio mudo,
creyendo que es Lidora la que aguarda,
no se sabrá mi provechoso enredo
y yo a Lidora gozaré con nombre,
esta noche, del César Constantino.
Buena traza es ésta si se logra;
yo voy a ejecutarla, aunque la vida
pierda, que por tal prenda es bien perdida.

(Salen Florilo, Dinampo, Italio y Tarso, pastores, y Melisa, y detrás de ellos
Irene, la cual se sienta.)

Tarso           Perdone la cortedad
de vueso pruebo grosero
su mercé, y mire primero
que al don a la voluntad.
    Que a ser tan rica como ella
con tales veras mostrara
su amor, que se aventajara
a todo el imperio en ella.
    Alcaldes, concejo y gente
del puebro, a su señoría
un pobre presente envía;

pero basta ser presente.
Seis mozas en delantera
van compuestas y garridas,
que en seis fuentes escogidas
de la más limpia espetera,
llevan cubiertas de flor
rosas y tortas cuajadas
de miel, que fueron masadas
hoy por la del herrador.
También llevan confitura
poca, porque cara cuesta,
que ayer compró media cesta
en Constantinopla el cura.
Luego se siguen seis mozos,
los más apuestos y ricos,
todos con nuevos pellicos
y todos con rubios bozos,
que andando con pasos graves
llevan de palos pendientes
mil regalos diferentes
de conejos, liebres y aves.
Tras ellos van cien cabritos
de mil colores y modos,
unos más que el ampo todos,
otros de manchas escritos,
que llevan en medio de ellos
dos terneras señaladas,
con campanillas doradas
de los arrugados cuellos.
Después van doce zagales
con otras tantas doncellas,
cargados ellos y ellas
de requesones, panales,
quesos que el tiempo conserva,

cuajada, natas, mantecas,
y frutas verdes y secas,
hasta el níspero y la serva.
    Todo aquesto humilde ofrece
el lugar a su mercé,
pobre en obras, rico en fe,
que es lo que más le engrandece;
    y yo un alma le presento,
contenta ahora sin tasa,
tan ancha como la casa
que le ha de dar aposento.

Melisa            ¡Qué bien lo ha despotricado
el diabro!

Dinampo                Como discreto.

Florilo                Basta ser poeta.

Dinampo                    Poeto
diréis, que es hombre y barbado.

Irene            Yo estoy muy agradecida
al lugar por el cuidado
que en regalarme ha mostrado,
y gusto de mi venida.
    Y en pago de este presente
que aqueste lugar me ha hecho,
os hago francos de pecho
por veinte años.

Dinampo                ¿Otros veinte?
    ¿Veinte dije? Veinte mil
tenga de vida y salud

|          | su merced.                           |
|----------|--------------------------------------|

Irene
                    En la quietud
          del campo que viste abril
              sí tendré, que en el palacio,
          donde la ambición se bebe,
          la más larga vida es breve.

Tarso     Acá vivimos despacio.

Irene           Pues, Tarso, ya ha muchos días
          que no nos vemos.

Tarso                       Después
          que pisaron vuestros pies
          imperios y monarquías
              y os ausentásteis de aquí
          no os he visto.

Irene                 Pues ¿por qué?

Tarso     Porque en la corte pensé
          que os olvidárais de mí.
              Muda el mandar la costumbre
          y la púrpura imperial
          no hace caso del sayal;
          estábades en la cumbre,
              ¿quién había de subir
          tan alto a habraros? Acá
          más tiempo y lugar habrá.

Melisa    Agora la he de pedir
              que me quieras por justicia,
          veremos si esto aprovecha.

| | |
|---|---|
| Tarso | No, Melisa; que sos hecha como casa a la malicia. |

(Salen Andronio y otros, en cuerpo.)

| | |
|---|---|
| Andronio | Aquí dicen que ha de estar, trocando en florido campo el campo armado. |
| Florilo | ¡Dinampo, soldados en el lugar! |
| Dinampo | ¿Qué diabros querrán agora? Que si nos echan soldados no hay mujeres ni ganados. |
| Irene | ¿Qué es esto Andronio? |
| Andronio | ¡Señora! |
| Irene | Ya comienzo a agradecer la lealtad que habéis tenido, pues el primero habéis sido que me haya venido a ver. ¿Qué tenéis? ¿Qué os entristece y os hace enjugar los ojos? ¿Qué hay de nuevo? |
| Andronio | Mil enojos, señora, que no merece vuestra Alteza. |
| Irene | ¿A qué os envía |

a mi casa, Constantino?
Que en veros así adivino
alguna desgracia mía.

Andronio        Sabe Dios lo que me pesa
que me lo mandara a mí.

Irene           ¿Qué os ha mandado? Decí.

Andronio        Que lleve a una torre presa
a vuestra alteza.

Tarso                   ¿Qué dijo?

Florilo         Presa parece que oí.

Irene           ¿Mi hijo me prende a mí?

Andronio        Sí, señora.

Irene                   ¡Qué buen hijo!

Andronio        En una torre me manda
que os ponga guardas.

Irene                   Pues ¿qué
le han dicho de mí?

Andronio                No sé.

Irene           Yo sí, que bueno el mundo anda.
No es muy difícil saber
que, pues a Nerón se iguala,
si me prende, no es por mala,

mas porque él lo pueda ser.
    Que viva en prisión ordena
porque no lo esté su antojo,
que la reprehensión al ojo
mil liviandades refrena.
    Y pues prenderme ha mandado
cuando sus vicios refreno,
despedazar quiere el freno
para correr desbocado.
    Corra, que este vituperio
venganza vendrá a tener,
que yo sé que ha de correr
hasta atropellar su imperio.
    ¿Dónde Constantino está?

Andronio        En la casa de placer
        del monte.

Irene                    Quiérole ver;
        llevadme primero allá.

Andronio            No puedo en eso serviros,
        y de ello el alma se corre;
        luego manda que a una torre
        os lleve, sin consentiros,
            señora, que a su presencia
        lleguéis.

Irene                ¿Aqueso os mandó?

Andronio        Plugiera al cielo que yo
        pudiese hacerlo.

Irene                        Paciencia.

                    Vamos, pues lo manda así.
                    Amigos, adiós, adiós.

Tarso               Yo, señora, iré con vos;
                    de mí, señora, os serví;
                        yo iré en vuestra compañía.

Irene               No, Tarso; ya querrá el cielo
                    que vuelva a ver este suelo
                    con más contento algún día.

Tarso               Quedando sin vos me aflijo.

Irene               Adiós; vamos de aquí, Andronio.

(Llévanla.)

Dinampo             ¿Aquéste es hijo o demonio?

Tarso               Demonio sí, mas no hijo.

(Vanse todos. Sale Carola sola.)

Carola              Blasone el hombre arrogante
                    que es un diamante en sus hechos,
                    que hoy he visto en un instante
                    que hay diamantes contrahechos
                    y que se quiebra el diamante.
                        Bien puede ser este error,
                    y el hombre, por varios modos,
                    ser firme, y más en amor,
                    mas conmigo pierden todos
                    hoy por el Emperador;
                        porque si bien me quisiera

con más amor me mirara;
pero, si me aborreciera,
el desposorio aguardara
que en Constantinopla fuera.
  Declarad, piadosos cielos,
este caos de mis recelos,
este nuevo laberinto,
aqueste infierno que os pinto
de confusión y de celos.
  Este enigma que se ofrece
el alma confusa aquí,
pues Constantino parece
que amándome a mi sin mí,
cuando me ama me aborrece.

(Sale Lidora.)

Lidora              ¿En qué andáis, travieso Amor?
Mas ¿diréis que no es error
el que aquesta noche hiciste,
cuando la fuerza rendiste
de mi honra al emperador;
  y que si la gente infama
la mujer con justa ley
que así mancha su honra y fama
no pierde nada si un rey
su amor solicita y ama?
  Murmúrese, pues, mi exceso
que haber dado ser y honor,
................ [ -eso]
porque de un Emperador
esposa ser intereso.

Carola              Lidora, ¿qué suspensión

os trae confusa y sin calma?

Lidora

Nuevos pensamientos son
y pretensiones de un alma
que ya se juzga Faetón.

Carola

¿Faetón? ¿Tan alta subida
intenta?

Lidora

Desvanecida,
quiere con él competir.

Carola

¿Y no teme que el subir
espera mayor caída?

Lidora

Ella se sabrá tener.

Carola

Tal seguridad no es buena;
guardaos, no seais Lucifer
en pretender silla ajena,
que será cierto el caer.

Lidora

¿Ajena? ¿Qué patrimonio
da señal o testimonio
de que tiene dueño ajeno?

Carola

¿Qué patrimonio? ¿No es bueno
el del santo matrimonio?

Lidora

¡Jesús! Aquése hasta ahora
está en cierne, otro mejor
tiene el alma en quien la adora,
que es un vínculo de amor
y mayorazgo.

| | |
|---|---|
| Carola | ¡Ay, Lidora, |
| | mira lo que haces; mira |
| | que hay Dios y que si se aíra, |
| | castigará con rigor; |
| | mira que el emperador |
| | es mi esposo, y que suspira |
| | por él mi alma, Lidora! |
| | |
| Lidora | Miro, que como no eres |
| | ................. [ -ora] |
| | buena para imperar, quieres |
| | ser para predicadora; |
| | no me canses. |
| | |
| Carola | Ya comienza |
| | en ti a campar la falta |
| | de honor; no habrá quien te venza, |
| | que cuando la honra falta |
| | también falta la vergüenza. |
| | |
| Lidora | Si la lengua no reprimes, |
| | forzaréte a que me estimes, |
| | cortándotela a raíz. |
| | |
| Carola | ¡Villana! ¿A tu emperatriz? |
| | |
| Lidora | ¿Emperatriz? ¡Qué sublimes |
| | pensamientos! El renombre |
| | me agrada; deja el humillo, |
| | que eres, para que te asombre, |
| | solo emperatriz de anillo, |
| | y no tienes más que el nombre. |
| | Y no hagas tanta cuenta |

del título que te afrenta,
pues eres, con tal blasón,
emperatriz a pensión,
y he de gozar yo la renta.
   Que el cielo, que galardona
contra la opinión que tienes
y ennoblece una persona,
podría ser que a mis sienes
trasladase tu corona.

Carola            Como el mundo anda al revés
no es mucho que en eso des,
y que suba tu bajeza
a coronar tu cabeza
de descalzarme los pies.
   Mas, cuando estés coronada,
¿no te parece, Lidora,
que quedaré más honrada,
pues tendré, siendo señora,
una emperatriz criada?

Lidora            Norabuena sea así;
resulte la honra en ti
y yo goce tu apellido,
que si hasta aquí te he servido,
tú me servirás a mí.

Carola            ¿Yo a ti, soez, baja, loca?
Cuando el laurel imperial
me quite mi dicha poca,
¿no soy yo de sangre real?
¿Y tú?

Lidora                    Refrena la boca,

que si mi enojo echa el resto,
haréte arrepentir presto.

Carola          ¿A mí? ¡Ramera de Grecia!
¡Malnacida!

Lidora                    Toma, necia.

(Dale Lidora a Carola un bofetón.)

Carola          ¡Ay, Dios! ¿Bofetón?

(Salen Constantino, Leoncio y Andronio.)

Constantino                   ¿Qué es esto?

Lidora (Aparte.)        (Constantino viene aquí;
fingiré que recibí
el bofetón que di.) ¡Ay, Dios!

Constantino          ¡Lidora mía!

Lidora                    ¿Por vos
tienen de tratarme así?
¿Por vos injuria tan clara?
¿Por vos llamarme ramera?
¿Por vos la mano en mi cara
la infanta?

Constantino          ¡La infanta muera!

Carola (Aparte.)      (¿Vióse insolencia más rara?
Mas para que con razón
todo en aquesta ocasión

ande al revés, no me espanto
que ésta forme queja y llanto
y yo llevé el bofetón.
　　Más vale que pase así;
y aunque yo sea la injuriada,
que piense el mundo que di
bofetón a mi criada,
no que le recibí.)

(A ellos.) 　　Es verdad; yo castigué
a quien tan soberbia fue
que se descomidió agora
contra su propia señora.

Constantino 　　Pues, ¿cómo el cielo, que
　　ve su bella Luna eclipsada,
con un castigo ejemplar
no la ha dejado vengada?

Carola 　　Pues, ¿es nuevo castigar
la señora a su criada?

Constantino 　　　Calla, asombro de mi gusto.
Llévala presa.

Leoncio 　　　　　Señora,
tener paciencia aquí es justo.
(Aparte.) 　(No sabrá así que a Lidora
anoche gocé, el augusto.)

Constantino 　　　Vamos, que con palio honroso
vuestro nombre haré famoso
en venganza de esta afrenta,
siendo con fiesta opulenta,
bella prenda, vuestro esposo.

                        Ea, pues, que ya es razón
                        que cese aquesa pasión,
                        mi bien. Basta ya, vení.

Lidora                  ¿Suélese olvidar así
                        la injuria de un bofetón?

(Vanse Constantino y Lidora.)

Carola                  Vamos, pues gusta que presa
                        padezca, el emperador.

Leoncio                 Mientras que su enojo cesa,
                        sufrid aqueste rigor,
                        infanta, que de él me pesa.

Carola                  ¡Qué bueno anda el mundo ahora!
                        Despreciada la señora;
                        antepuesta la criada;
                        presa la que está injuriada,
                        con honra la que es traidora.
                        ¡La que descalzó mis pies,
                        entronizada en el puesto
                        del imperio! Mas poco
                        es en la república aquesto,
                        que es república al revés.

                        Fin de la primera jornada

**Jornada segunda**

(Salen Lidora y Clodio vestidos de camino.)

Clodio    Tan lleno de pesares
quedé cuando partiste,
que con el menor de ellos
fue mucho no morirme.
Maldije el griego imperio
y a la infanta maldije,
que fue ocasión, señora,
de aquella ausencia triste.
En ella de mi pena
pensaba divertirme
con ejercicios varios,
sin tu presencia viles.
Salí a cazar mil veces,
y otras tantas volvíme,
porque me daban caza
pensamientos terribles.
Perdía si jugaba,
que como perdió Chipre
tu agradable presencia,
perdiéndose él, perdíme.
Quisieron mis amigos
con pláticas sutiles
entretener mis penas;
mas como siempre aflige
al que es discreto el necio,
al soberbio el humilde,
y al avariento el pobre,
así al amante el libre.
Con otras hermosuras
poner remedio quise

al fuego que en el alma,
en viéndote, encendiste.
Mas era echar más leña,
porque es necio el que dice
que el amor más constante
con otro amor se rinde.
En fin, cuantos remedios
en su Ars amandi escribe
Ovidio, el desterrado,
tantos propuse e hice.
Mas como al que es de muerte
de tormento le sirven
las medicinas varias
que el médico apercibe,
empeoré con ellos;
¡mal haya amén, quien dice
que es remedio la ausencia
para que amor se olvide!
¡Qué de veces rondaba
las paredes felices
que habitación te dieron
cuando mi mal oíste!
¡Y qué de veces, loco,
desde tus rejas quise,
llamándote, Anajarte,
representar un Iphis!
Las sabrosas palabras
y prendas que me diste
eran de mi naufragio
la tabla convenible.
Mas todo aquesto era,
sin verte, hermosa Circe,
cual vela que se acaba,
arder para morirme.

Vime, en fin, tan enfermo,
tan desahuciado vime,
que hacer una novena
a tu hermosura quise.
Llegué a Constantinopla;
y apenas de un esquife
a tierra salté, cuando
en un carro sublime
de perlas, marfil y oro,
mis ojos hechos linces,
te vi llevar debajo
de un rico palio; ¡ay triste!
Creí que me engañaba;
llegué a un hombre y le dije:
«¿Carola no es aquélla,
hija del Rey de Chipre?»
Respondió: «No es la Infanta
que esa dama infelice
trajo consigo el daño
que su ventura oprime.
Una criada es suya
a quien el César rinde
la cerviz de su imperio
porque es de su amor Circe».
Quedéme casi muerto,
y vi que el vulgo libre
te echaba maldiciones,
y aun yo ayudarle quise;
y de mi muerte cierto,
pues miro ya imposible
mi débil esperanza,
antes que se marchite,
busqué ocasión de darte,
cruel más que Bisiris,

el parabién del lauro
que en tu cabeza ciñes.
¿Quién duda que si antes
amando, me tuviste
en Chipre por tu Adonis,
aquí seré Tersites?
Ya pisas oro y perlas,
diamantes y rubíes,
¿quién duda que con ellos
también mis dichas pises?
Castíguente los cielos;
pero no te castiguen,
sino que con mi muerte
de tanto mal me libren.

Lidora    ¡Qué extraordinario gusto
me da, Clodio, el oírte
aquesas tiernas quejas
que dentro el alma imprimes!
¡Oh, qué contento causan
los celos apacibles
tras una larga ausencia
de dos amantes firmes!
Muy bien venido seas,
deja temores viles,
que aunque el imperio gozo,
no es ocasión que olvide
el abecé primero
que el alma estudió en Chipre,
cuando de esclava tuya
la argolla le pusiste.
Mi hermano finge que eres,
que yo haré, si lo finges,
que rijas el imperio.

| | |
|---|---|
| Clodio | Cesó el oscuro eclipse |
| | de mis confusos celos; |
| | aquesos brazos ciñe |
| | a mi dichoso cuello, |
| | que hoy miro un imposible |
| | en ti, mi bien, pues eres |
| | mujer y mujer firme. |
| | |
| Lidora | El césar, Clodio, viene. |
| | |
| Clodio | Yo haré lo que me dices. |

(Salen Constantino, Honorato, senador viejo, Leoncio, Macrino, Andronio y otros.)

| | |
|---|---|
| Constantino | ¿Qué es lo que me pide, pues, |
| | el senado? |
| | |
| Honorato | Cosas justas, |
| | que diré, señor, si gustas. |
| | |
| Constantino | Dilas. |
| | |
| Honorato | La primera es |
| | suplicarte toda Grecia, |
| | y en nombre suyo el senado, |
| | en albricias del estado |
| | que Dios te dio, si es que precia |
| | tu alteza su autoridad, |
| | que les des un día feliz |
| | poniendo a su emperatriz, |
| | y tu madre, en libertad. |
| | Y piensa que hacerlo así |

como el senado te exhorta,
aunque mucho nos importa,
más, señor, te importa a ti.
   Porque las murmuraciones
del vulgo y de los soldados
que por ella gobernados
vencieron tantas naciones,
   publican que es vituperio
de Grecia y de su nación
que consientan en prisión
a quien defendió su imperio.
   Todas la lloran y, en fin,
como la aman en extremo,
si dura su prisión, temo
algún popular motín.

Constantino        ¿Piden más?

Honorato           Sí, que a la infanta
de Chipre, pues es tu esposa,
tan discreta, tan hermosa,
tan prudente, honesta y santa,
   el nombre y estado des
que goza quien le ha usurpado;
y que pues te has desposado
con ella, es razón que estés
   advertido que no puedes,
mientras viviere, tener
a Lidora por mujer,
pues los límites excedes
   de la ley que puso Dios,
cuando justamente veda
que ningún cristiano pueda
vivir casado con dos.

Éste es el consejo sabio
que te suplican que admitas,
gran monarca. No permitas
el intolerable agravio
con que Irene, presa está;
mira que tu madre Irene
en pie aqueste imperio tiene,
que ya cayendo se va.
Si a clemencia te provoco
no dejes de ejecutalla;
mira, invicto césar...

Constantino                  Calla;
no digas más, viejo loco.
¡Qué donosa petición
para gobernar mi estado!
Hoy verá el griego senado
en mí un Cómodo, un Nerón.
¿Él ha de regirme a mí?
¿Es éste el mundo al revés?

Honorato      Ni aquese nombre le des
ni te alborotes así;
que si envía a suplicarte
lo que he venido a advertirte,
no es, señor, para regirte,
sino para aconsejarte.
¿Qué monarca o rey desprecia
el consejo, si es prudente?

Constantino     Yo basto y soy suficiente
para gobernar a Grecia.
El senado no ha de dar,
sin pedirle, parecer,

que él solo ha de obedecer
y yo solo he de mandar.
    Sus livianos pareceres
muestran lo que han estudiado;
yo haré de su vil senado
un senado de mujeres.
    Basta, que es donoso cuento
que con livianos consejos
me quieran dar cuatro viejos
mujer a mi descontento.
    Si a mi madre tengo presa
es porque viva en sosiego
mi estado e imperio griego,
y si al senado le pesa
    de que la tenga en prisión,
no ignora la deslealtad,
que en dándola libertad
ha de intentar su traición.
    Ya sé que quiere que torne
al trono imperial que pierde,
y que con el lauro verde
su frente otra vez adorne.

Honorato            Mira, gran señor...

Constantino                Ya es tarde;
vuestro intento es manifiesto.
Yo lo remediaré presto.
Parte al senado cobarde
    con los soldados, Macrino,
de mi guarda, y prende luego
todo ese senado ciego
autor de tal desatino;
    y con basquiñas y tocas,

para que el vulgo provoques,
ponles ruecas por estoques,
que sus pretensiones locas
   declaren, y de esta traza,
porque mejor los convenza
su locura, a la vergüenza
estén todo hoy en la plaza;
   porque soy de parecer
que como mujeres vean
los que el imperio desean
que gobierne una mujer.
   Y a este loco y vano viejo
en ella le harás colgar,
que así le quiero pagar
su locura o su consejo.

Honorato               Señor...

Constantino            Llévalos.

Honorato                    Advierte...

Constantino            Ea, llévalos de aquí.

Honorato               Ejecuta luego en mí
este castigo, esa muerte,
   y deja libre el senado,
que es en tu imperio el espejo
de la prudencia y consejo.

Constantino            Buenas muestras de esto han dado.
   ¿Qué aguardas?, llévalos pues.

Macrino               Ya, gran señor, te obedezco.

| | |
|---|---|
| Honorato | Por dar consejos padezco. |
| | ¡Ay República al revés! |

(Llévale Macrino.)

| | |
|---|---|
| Constantino | Andronio. |
| Andronio | ¿Gran señor? |
| Constantino | Corre |
| | donde mi madre está presa |
| | y con diligencia y priesa, |
| | dentro de la misma torre |
| | la da un garrote. |
| Andronio | ¿Qué dices? |
| | ¿A tu madre? |
| Constantino | ¡Ola! También |
| | a aquéste muerte le den. |
| Andronio | ¿A mí? |
| Constantino | No te escandalices; |
| | o a mi madre mata, o muere. |
| Andronio | Yo haré, señor, lo que mandas. |
| | ¡Ay mundo, y qué al revés andas! |

(Vase.)

| | |
|---|---|
| Constantino | Si el imperio darle quiere |
| | su silla, justo es me cuadre |

la seguridad que elijo,
que no seré el primer hijo
que dé la muerte a su madre.
Leoncio, ve por Carola.

Leoncio        Yo voy.

(Vase.)

Constantino        Quiero que a su tierra
se vuelva, y hágame guerra
su padre, que si enarbola
    el mundo sus estandartes
contra mí, poco el mundo es,
que pues se cayó a mis pies,
no temo sus cuatro partes.
    Solo con rigor se doma
este extraño monstruo griego,
que estoy por ponerle fuego
como Nerón hizo a Roma.

Lidora        ¿Tan enojado, señor?

Constantino    La luz de esos bellos ojos
desterraron mis enojos;
ya se acabó mi rigor.

Lidora        ¿Con quién la cólera ha sido?

Constantino    Contra quien privarme gusta
de vos; mirad si es bien justa.

Lidora        ¿Cómo?

| | |
|---|---|
| Constantino | Hanme persuadido |
| | a que, viviendo la infanta, |
| | vos no podéis ser mi esposa. |
| | |
| Lidora | Remediarlo es fácil cosa, |
| | dadla muerte. |
| | |
| Constantino | Crueldad tanta |
| | no es bien que de mí se piense; |
| | a su padre la enviaré, |
| | y ausente una vez, yo haré |
| | que el patriarca dispense |
| | en nuestras bodas. ¿Quién es |
| | el que está con vos, señora? |
| | |
| Clodio | Hermano soy de Lidora; |
| | dame a besar estos pies. |
| | |
| Constantino | ¿Qué dices? |
| | |
| Lidora | Hermano es mío, |
| | que a asistir en tu servicio |
| | viene de Chipre. |
| | |
| Constantino | Da indicio |
| | de serlo su talle y brío; |
| | y pues es ya mi cuñado, |
| | justo es honrarle desde hoy; |
| | el cargo noble le doy |
| | de secretario de estado, |
| | que es oficio de valor. |
| | |
| Clodio | Haga tu nombre imperial |
| | la fama y tiempo inmortal. |

| | |
|---|---|
| Lidora | Danos esos pies, señor. |
| Constantino | ¿Cómo es tu nombre? |
| Clodio | Liberio. |
| (Aparte.) | (Como me mudé en otro hombre también quiero mudar nombre.) |
| Constantino | Tú gobernarás mi imperio. |

(Salen Leoncio y Carola.)

| | |
|---|---|
| Leoncio | Aquí está, señor, la infanta. |
| Constantino | Seáis, señora, bien venida. Sentaos. |

(Siéntanse los tres.)

Carola (Aparte.)       (¡Ay Dios, si la vida
feneciese en pena tanta!)

Leoncio (Aparte.)    (Agora el emperador
viene a saber mi delito,
y si el castigo no evito
mataráme su rigor.
    Adiós inútil privanza,
que no halla otro remedio
como poner tierra en medio
de mi vida la esperanza.
    Grecia, adiós, que de este modo
librar mi vida procuro,
pues mal viviré seguro

donde anda revuelto todo.)

(Vase.)

Constantino        Sabe el cielo el descontento
que me causa el no poder,
infanta, satisfacer
vuestro justo sentimiento.
　　Viniste de Chipre a Grecia
a darme mano de esposa,
y fuérades venturosa
si, como os estima y precia
　　mi conocimiento, os diera
posesión mi voluntad
y al peso de la beldad,
que en vos confiesa, os quisiera.
　　Solo sigue sus antojos
Amor, cuando un alma exalta,
que por tener esta falta
le suelen pintar sin ojos.
　　Y pues son las calidades
del Amor cierta influencia,
lazada o correspondencia
que anuda dos voluntades,
　　y aquésta el cielo ha querido
que nos falte a mí y a vos,
habiendo este ciego dios
para mi esposa escogido
　　a Lidora, será fuerza
que admitiendo mi disculpa,
y echando al Amor la culpa
que a la razón vence y fuerza,
　　a vuestro reino os tornéis,
que vuestra mucha hermosura

y grandeza os asegura,
señora, que cobraréis
  pronto el contento perdido,
siendo de algún rey esposa
con quien seáis más dichosa
que conmigo lo habéis sido.
  Yo he escrito al rey, vuestro padre,
infanta, el caso presente
que, siendo como es prudente,
no dudaré que le cuadre.
  Y en volviendo de la guerra
el infante, vuestro hermano,
premiándole de mi mano
se volverá a vuestra tierra.
  ¿Cuándo intentáis de partiros?

Carola          Cuando la vida se parta;
que ya de desdichas harta
se va partiendo en suspiros.
  Monarca de todo oriente,
querido esposo y señor,
que este título he de darte
aunque otra me le usurpó,
la prueba de mi paciencia,
la fuerza de mi razón,
las quejas de mis agravios,
la pérdida de mi honor,
todas tu dureza ablanden
y con ellas el amor
que va creciendo en mi pecho
al paso de tu rigor.
Dicen que un retrato mío
que miraste fue ocasión
de pedirme por esposa

al rey, mi padre y señor.
¡Mal haya el pincel, la tabla,
la idea, mano y color
que vida a mi imagen dieron,
pues mi muerte ahora son!
Pudo ser que en mi belleza
mintiese el sutil pintor
y que, visto el desengaño,
causase tu desamor;
mas si la propia alabanza
es justa en la oposición
presente porque redima
con ella mi obligación,
bien sabe Grecia, y tú sabes,
cuántos los príncipes son
que por mi causa han sufrido
más que por Raquel Jacob.
Y entre todos te escogí,
no por ser emperador
de Grecia, sino por serlo
del alma que te adoró.
¿Por qué, pues, con tal crueldad,
ya que imitas a Absalón
en belleza, quieres serlo
en el desdén y el rigor?
Mas no puede persuadirse
mi afligido corazón
que le desprecies de veras.
¿Es así? Yo sé que no.
Si ha sido para probar
de mi fineza el valor,
mi lealtad y sufrimiento,
bien ves cuán de prueba soy.
¿No doy ventaja en quererte

a cuantas mujeres, dio
en el amor conyugal
nombre la fama veloz?
Ni amaron a sus maridos
con más firmeza que yo
Porcia, Penélope, Julia,
Evadnes, Pantea y Michol.
No permitas, césar, pues,
que volviendo a Chipre yo,
mi infamia y deshonra
vea el padre que me engendró.
Abre primero este pecho,
y en él verás que estampó
tu imagen, siendo pinceles
sus llamas tiernas, Amor.
Ea, vierte aquesta sangre;
mas, ¡ay que tengo temor
que porque morir deseo
suspendes la ejecución!
Mas, pues, con tan poca dicha
la Fortuna el ser me dio
que aun para que me des muerte
quiere que busque favor,
(De rodillas.)       postrada a tus pies, Lidora,
te suplico, si es que yo
merezco algo, porque he sido
de tu dicha la ocasión,
que de Constantino alcance
mi muerte tu intercesión,
siquiera porque os gocéis
con buen título los dos.
Ves aquí al revés el mundo.
A tus pies postrada estoy,
y, pues que pisan el orbe,

|                | sobre mi cara los pon, |
|----------------|------------------------|
|                | que no es mucho que los pies |
|                | ponga en ella quien osó |
|                | poner las manos el día |
|                | que me diste un bofetón. |
| (Levántase.)   | ¡Cielos! Que aun morir no alcanzo |
|                | pero ¿cuándo lo alcanzó |
|                | el perseguido infelice? |
|                | Ni ¿quién lo fue más que yo? |
|                | Mas ¿qué digo, esposo mío? |
|                | Tu obediente mujer soy; |
|                | donde quisieres me lleva, |
|                | contenta a mi patria voy; |
|                | que en medio de las injurias |
|                | de tu desdén y el dolor |
|                | de mi padre, estaré alegre |
|                | por ver que el cielo me dio |
|                | para consolar mis males |
|                | fruto de la primer flor |
|                | que en el tálamo cogiste, |
|                | con ser dueño, cual ladrón. |
|                | Dentro en mis entrañas siento |
|                | prenda tuya; quiera Dios |
|                | que a luz salga... |

Constantino                         ¿Prenda mía?
                    ¿Cómo es eso?

Carola                              Luego, ¿no?

Constantino         ¿Estás fuera de ti, infanta?
                    ¿Cuándo te he gozado yo?

Carola              ¿Querrás negarlo también?

**64**

No fue en vano mi temor;
la oscuridad de la noche
que el cielo me desposó
contigo sabe que he dicho
la verdad.

Constantino                     Aquí hay traición.
(A Lidora.)             La noche del desposorio,
                        ¿no fuisteis, señora, vos
                        quien hizo mi dicha cierta?

Lidora                          Vuestra esposa fui, señor.

Carola                  ¿Qué es esto que escucho, cielos?
                        ¿Qué oís, triste corazón?
                        ¿Con tan grande testimonio
                        os quieren manchar, honor?
                        Ya no es posible tener
                        paciencia; tu pretensión
                        entiendo, monstruo del mundo;
                        ya sé que queréis los dos
                        acusarme de adulterio
                        para que podáis mejor
                        con aparentes disculpas
                        gozar vuestro infame amor.
                        No en vano con tal recato
                        me entraste a engañar, traidor,
                        la noche de mi desdicha;
                        ya he entendido la ficción
                        que tan confusa me tuvo
                        cuando aquesa misma voz
                        me llamaba su Lidora,
                        su luz, su cielo, su Sol.
                        Por engañarme lo hiciste.

| | |
|---|---|
| Constantino | ¿Vio el mundo tal confusión?<br>¿Qué es de Leoncio? Llamadle. |
| Soldado I | A llamarle, señor, voy. |
| Carola | Querrás que testigo sea,<br>aunque falso, de este error,<br>y no me espanto, pues hubo<br>quien jurase contra Dios.<br>Bien trazado va tu enredo<br>aunque para mí no son<br>estas marañas bastantes,<br>que bien te conocí yo. |

(Sale quien fue a buscar a Leoncio.)

| | |
|---|---|
| Soldado I | No hay quien en toda la casa<br>halle a Leoncio, señor.<br>Solo un mozo de caballos<br>dice que ensillar mandó<br>uno de monte poco ha,<br>y que, mudado el color<br>del semblante, se fue solo. |
| Constantino | Leoncio me fue traidor.<br>Despachad postas tras él,<br>que a quien tuviese valor<br>de traerle, vivo o muerto,<br>le prometo en galardón<br>hacerle mi camarero. |
| Soldado I | No habrá en la corte quien hoy<br>de tal premio codicioso |

no vaya.

(Vase.)

Constantino  Corra esta voz;
que si en mis manos cae vivo
y la tierra no tragó
su infame cuerpo, será
ejemplo su muerte atroz.
A un cuarto de mi palacio,
infanta, os retirad vos,
mientras que al rey vuestro padre
de este caso aviso doy.
En él quiero que estéis presa.
Guardas, de vista le pon.

(Llévanla.)

Carola  ¡Dios, amparo de inocentes,
descubrid esta traición!

Constantino  Venid, Lidora querida;
que el cielo camino abrió
a medida de mi gusto
para gozarnos mejor.

Lidora (Aparte.)  (En todo soy venturosa,
mi secretario mayor
fingido hermano y amante
de veras.) Vamos, que hoy
quiero que sepas cuán firme
en mi amor primero estoy.

Clodio  (¡Cielos! ¿qué mudanza es ésta?

¿Clodio, secretario yo?
Pero según anda el mundo
no me espanto.)

Lidora                        ¿Vienes?

Clodio                          Voy.
(Aparte.)            (¿Yo secretario del Cesar?
No caigamos plegue a Dios.)


(Vanse. Salen: Tarso, con una cesta abierta, e Italio, pastores.)

Tarso                  Basta.

Italio                      Villano, ¿por ti
me ha de despreciar Melisa?

Tarso            Como la primer camisa
que en mi vida me vestí
me acuerdo de ella.

Italio                         Pastor,
tan loco de celos vivo,
que mientras lo estés, me privo
de vivir.

Tarso                  Bravo favor.

Italio             O te has de ir de la comarca
o perder aquí la vida.

Tarso            ¿La vida? ¿Es barro? Escondida
debe haber otra en el arca.
Anda con Dios que estás loco.

Basta decir que aborrezco,
a Melisa y que os empezco
en vuestros amores poco.
　　Más sublime el vuelo tiene
mi amor, pues pica más alto,
que, aunque de méritos falto,
por lo menos ama a Irene.
　　Aquí un regalo la llevo,
Italio, quedaos con Dios.

Italio　　　　　　　　Eso no; vivos los dos,
crecerá mi mal de nuevo.
　　Poco importa, Tarso esquivo,
que aborrezcas mi pastora,
si ella tu presencia adora.
　　Mientras que estuvieres vivo,

(Saca Italio una daga.)

ha de morir mi esperanza.
Muere tú porque ella viva.

Tarso　　　　　　　　De la paciencia me priva
tu locura y mi venganza.

(Saca Tarso otra daga y mátale.)

Toma, pues amas tan poco
la vida...

Italio　　　　　　　　　　¡Ay!

Tarso　　　　　　　　　　　Tu desconcierto
te mata; y más vales muerto

que vivir celoso y loco.
Murió; huir me conviene
antes que tenga noticia
del matador la justicia.
Mi sagrado será Irene.

(Vase. Sale Leoncio.)

Leoncio             Pies perezosos, ¿qué es esto?
¡Huid! ¿Quién os entorpece,
que en el turbaros parece
que grillos en vos me han puesto?
    ¡Mas, ay! Que del malhechor
propio efecto el temor es,
y para turbar los pies
¿qué más grillos que el temor?
    Tan atajado me hallo
de los que tras mí han venido,
que he tomado por partido
desjarretar el caballo
    y esconderme en la espesura
de este monte, mas ¿qué importa?
Que si mi dicha es tan corta
y el emperador procura
    matarme, no ha de haber donde,
vida, estéis segura vos,
porque un rey es como Dios
que ninguno se le esconde.

(Tropieza con el muerto.)

    ¡Jesús! En medio el camino
o durmiendo, o muerto está
un hombre. Agüero será

del mortal fin que imagino.
Quiero hacerle que despierte.
Hombre, ¿duermes? ¿Qué pretendo,
si he visto que está durmiendo
en la cama de la muerte?
¡Válgame Dios! Ya adivino
de mi fin el triste punto,
pues ha salido un difunto
para enseñarme el camino.
Porque el salir de esta suerte
un hombre al paso en tal caso
es para enseñarme el paso
que hay de la vida a la muerte.
Mas, ánimo, corazón,
que para enseñaros muestra
la necesidad, maestra
de enredos, una invención.
Venid, difunto, que en medio
de esta selva entretejida,
seréis, aunque estáis sin vida,
hoy de mi vida el remedio.

(Llévale. Salen los pastores y con ellos dos guardas del emperador. Damón sale como alcalde.)

Guarda I          Ya os dije el traje y las señas.

Damón             Bien las sé, pierda cuidado.

Florilo            Estar debe agazapado
                  como liebre entre estas peñas.

Guarda II           Si le halláredes, os hace
                  de su cámara el augusto.

| | |
|---|---|
| Damón | ¿De su cámara? No gusto<br>de ese cargo; no me place. |
| Florilo | Ofrezco al diablo el oficio<br>de cámaras. |
| Damón | Yo os le doy;<br>si de su cámara soy,<br>querrá que esté a su servicio. |
| Guarda I | Es dignidad noble y grave. |
| Damón | Sí será; mas huele mal. |
| Guarda I | Tiene el que es más principal<br>de su cámara la llave;<br>mirad si es gran preeminencia. |
| Damón | Si de su cámara da<br>la llave, nunca podrá<br>hacerla sin su licencia.<br>¡Pardiez! Si no se me escapa,<br>y camarón me han de hacer,<br>que he de ir a Roma a ser<br>de la cámara del Papa. |

(Vanse. Saca Leoncio el muerto ensangrentadas cara y manos y trocados los vestidos.)

| | |
|---|---|
| Leoncio | La cara le he desollado,<br>y con mi propio vestido<br>él es Leoncio fingido,<br>y yo un pastor disfrazado. |

Aquí no importa dejarle,
porque guardas y justicia
si a Leoncio hallar codicia,
le venga a hallar sin hallarle.
  Adiós, que en este desierto
los dos hacemos el vivo;
un muerto yo que está vivo,
vos un vivo que está muerto.

(Vase. Salen los pastores y los guardas.)

Florilo                    Por aquí sentí ruido.

Damón                   Llegad paso, no se asombre
                       y se nos vaya.

Florilo                              ¡Hola! un hombre
                       está en el suelo tendido.

Damón                       Pues agarradle los dos
                       y asidle bien.

Florilo                               Su malicia
                       pague.

Damón                      ¡Tené a la justicia!
                       Muerto está.

Guarda I                          ¡Válgame Dios!
                       ¿Qué miro? ¿No es el que veo
                       Leoncio?

Guarda II                      Él es.

| | |
|---|---|
| Guarda I | ¿Quién le ha dado muerte? |
| Florilo | El rostro desollado tiene. |
| Damón | A fe que está bien feo. |
| Florilo | Y aun las manos, ¡bravo ultraje! |
| Damón | Pues no es San Bartolomé |
| Guarda I | ¿Si es él, o si me engañé? |
| | Mas no, que aquéste es su traje. Este vestido o cadena conozco. |
| Guarda II | Pues ¿qué enemigo pudo darle tal castigo, que me causa verle pena? |
| Guarda I | Aún dudo mucho si es él. |
| Guarda II | Mírale las faltriqueras, satisfaráste de veras. |
| Guarda I | Aquí he topado un papel. |
| Guarda II | Por él lo sabrás mejor. |
| Guarda I | Mirar lo que dice quiero: «A Leoncio, camarero mayor del Emperador.» |

**74**

| | |
|---|---|
| Damón | No me quiero encamarar<br>si me han de quitar la vida. |
| Guarda I | Sin duda que el homicida<br>debió partirse a buscar<br>alguna cabalgadura<br>para llevarle a la corte<br>por cobrar el premio en porte<br>de esta cruel aventura. |
| Damón | Ten de ahí que aquesta vez<br>le echamos la bendición. |
| Florilo | Ya, alcalde, sois camarón;<br>¡buen oficio! |
| Damón | Sí, pardiez. |
| Florilo | Ya la gravedad os urga<br>allá dentro; camarlengo<br>sois del césar. |
| Damón | Sí, que tengo<br>oficio de día de purga. |

(Vanse y llevan al difunto. Salen Andronio y Tarso.)

| | |
|---|---|
| Tarso | Hazme aquesta merced, señor. |
| Andronio | Notables<br>muestras das de leal; yo te concedo,<br>pastor, que a Irene comuniques y hables;<br>entra y despacha luego. |

Tarso                                      Desde hoy quedo
                     por tu esclavo.

Andronio                          Sea breve la salida.

(Vase Tarso.)

Andronio            ¡Que persuadirme a tal delito puedo!
                       ¡Que quiera hacerme bárbaro homicida,
                    el césar, de su madre y su señora!
                    ¡La vida quite a quien le dio la vida!
                       Pero buena ocasión se ofrece ahora,
                    amor, lealtad, temor dentro del pecho,
                    que a Irene va a matar y a Irene adora.
                       ¿Es posible que el breve trato ha hecho
                    tan grande efecto en mí que amor de Irene
                    ponga mi libertad en tal estrecho?
                       ¿Yo a Irene amor? ¿a quien el mundo tiene
                    por maravilla suya? ¿no es más justo
                    que este apetito la razón refrene?
                       Mas ¿cómo ha de poder, si corre el gusto
                    a rienda suelta, y la pasión ha roto
                    de la sabia prudencia el freno justo?
                       Navega mi deseo en mar ignoto,
                    ¿qué mucho que me anegue siendo ciego
                    de aquesta pobre barca el vil piloto?
                       ¿La estopa no se abrasa junto al fuego?
                    ¿Está junto al ladrón seguro el oro?
                    Hacienda por el mar, dinero en juego,
                       todo corre peligro, y yo que adoro
                    de mi divina presa la hermosura,
                    perdonen mi deslealtad y su decoro,
                       gozar quiero primero mi ventura

y luego darla muerte, pues me ofrece
mi amor y el césar esta coyuntura.
Atrevimiento extraño me parece,
pero, si ha de morir, mi desatino
no se sabrá jamás. Pues ya anochece
    yo, quiero dar contento a Constantino
y a mi fuego amoroso. De este modo...
¡Mas ay! Que voy a hacer un desatino;
    pero si así mi amor hoy acomodo,
aunque sea traidor, alma, buen pecho;
que andando como anda el mundo todo,
necedad es andar a lo derecho.

(Vase. Salen Irene y Tarso.)

Tarso                Yo sé que el emperador
ha mandado darte muerte,
y será fácil ponerte
en salvo si de pastor
    te vistes, y en mi lugar
sales, pues la noche oscura
cualquier engaño asegura.
Ea, vamos a trocar
    los vestidos.

Irene                        Dete Grecia,
Tarso, la palma y laurel,
por el más leal y fiel
que el siglo presente precia;
    que yo, aunque te cause espanto,
antes en morir me fundo,
que en sufrir que pierda el mundo
un hombre que vale tanto.
    Vete con Dios, que me aflijo

de que con tal desengaño
me dé la vida un extraño
cuando me la quita un hijo.

Tarso     Yo me tengo de dar muerte
si no procuras huir;
y pues tengo de morir,
señora, de cualquier suerte,
 goza del tiempo oportuno;
salva la vida, por Dios;
que no es bien que mueran dos
pudiendo vivir el uno.
 Mi trágico fin ordeno
si pones más intervalos.

Irene     ¡Cielos, que entre tantos malos
haya un hombre que es tan bueno!

(Vanse. Salen Constantino y el Rey de Chipre.)

Rey     Escríbesme que mi liviana hija
mi honra, gran señor, tiene manchada,
y espántaste de que el camino elija;
 déjame hacer, su infamia averiguada,
y verás que en su torpe sangre dejo
la mancha triste de su honor lavada.
 Mas ¿es posible que la que era espejo
de las mujeres, poderoso augusto,
la sangre injurie de su padre viejo?
 ¿Adúltera, Carola? ¡Cielo injusto!
¿Carola de un adulterio preñada?
Deja que dude, que el dudarlo es justo.
 Carola en todo el mundo celebrada
por Vesta en castidad cuando doncella,

¿lasciva Venus es cuando casada?
Mil imposibles tiene tu querella;
perdóname si ves que dificulto,
que una pasión por todas atropella.

Constantino  A no ser cierto, rey, aqueste insulto,
¿soy hombre yo, que había de afirmalle?
Grecia te lo dirá, que no es oculto,
 y tuvieras razón para dudalle
si fuera menos yo y él más secreto,
y no se murmurara en cualquier calle.
 Trata a tu emperador con más respeto,
que poner en mí duda es desacato,
y te castigaré.

Rey      Vesme sujeto,
 y en fin llegué a tu corte sin recato,
que yo sé que me hablaras de otra suerte
si me vieras con bélico aparato.
 Mas, Constantino, la razón advierte
que me fuerza a temer y estar dudoso,
verás que es grande y mi sospecha fuerte.
 El día mismo que te dió de esposo

(Aparte.)  nombre mi hija (—nunca te le diera—),
en el fuego de amor libidinoso
 de una vil mujer, Circe hechicera,
según vengo informado, te encendiste,
fingiendo esta maraña, esta quimera.
 A tu madre en prisión cruel pusiste,
temiendo que a tu amor vano e injusto
pusiera fin, que, aunque mujer, temiste.
 Si es prenda tuya, pues, invicto augusto,
la que tiene mi hija en sus entrañas,
¿por qué deshonra mi vejez tu gusto?

Ella lo jura así, cesen marañas,
pues hay de su inocencia mil indicios
que muestran que te engañan o me engañas.
    Pobres, ricos, plebeyos y patricios
a Carola apellidan por señora,
y aun no sé si murmuran de tus vicios.
    Pues si tienes tu madre presa ahora,
siendo de la virtud claro dechado,
y pospones mi hija por Lidora;
    si has afrentado tu imperial senado,
que era la basa de tu griego imperio,
por habértelo justo aconsejado,
    ¿qué mucho que quien tiene en cautiverio
su esposa y madre ordene esta maraña
y finja aquel ilícito adulterio?

Constantino     Si el dolor que tus canas acompaña
no me hicieran creer que estás sin seso,
fueras motivo de una cruel hazaña.
    Si huyó el autor de aqueste vil suceso,
¿no es bastante ocasión que fue culpado
Leoncio, pues huyó? Déjate de eso,
    y agradece que no te he castigado.

Rey     Pluguiese a Dios que aquí me dieses muerte
por no vivir confuso y afrentado;
    que dos hijos me dió mi infeliz suerte
que vengarán mi vida.

Constantino            Porque creas,
rey, que es verdad cuanto te digo, advierte.
    Yo quiero hacer que aquesta noche veas
tu afrenta y desengaño, y que escondido,
testigo de tu mismo agravio seas.

No solamente el vil Leoncio ha sido
quien de Carola mancha el nombre honesto
y es el Eneas de esa casta Dido;
con la guarda mayor es manifiesto
que en la prisión su nombre y fama infama.
Tú propio puedes ser testigo de esto;
detrás de las cortinas de su cama
te puedes esconder, y por tus ojos
efectos ver de su lasciva llama.
Castiga sus ilícitos antojos,
que si en silencio tuve este suceso
fue por no acrecentar más tus enojos.

Rey         ¡Válgame Dios! ¿Que a tan notable exceso
llega mi infamia? pues me dejáis vivo,
quitadme, cielos, con la honra el seso.
A ver este delito me apercibo.
Haz que no sepa, césar, mi venida;
verás presto mi enojo vengativo,
y, adiós, que voy a entretener la vida
porque no se me acabe hasta que sea
de aquesta infame hija filicida
y mi venganza con mi muerte vea.

(Vase. Salen Clodio y Lidora. Constantino retirado.)

Constantino         En brava confusión quedo.
¿Quién me ha enseñado a mentir;
y cómo podré cumplir
con mi fama y con mi enredo?

Lidora         Esta noche gozarás
la esperanza que entretienes
si, como te digo, vienes,

Clodio, solo como estás,
  y entras por la sala donde
guardan la infanta Carola,
que tiene una puerta sola
que a mi cuadra corresponde.
  Ves aquí la llave de ella,
que ya te ha dado mi amor
la del alma.

Clodio                          Ese favor
estimo, Lidora bella.
  ¿Qué en tu dichoso retrete
tendrá fin mi pena?

Lidora                              Sí.

Clodio          Quedo; el César está allí.

Lidora              ¿Hate visto?

Clodio                    No.

Lidora                              Pues vete.

Clodio (Aparte.)          Adiós. (Noche perezosa,
a apresurar tu camino
me parto.)

(Vase. Sale Constantino; luego un Criado.)

Lidora                          ¡Mi Constantino!

Constantino      ¡Dulce y bellísima esposa!

| | |
|---|---|
| Lidora | ¿Qué pensamiento os divierte<br>y os tiene triste y suspenso? |
| Constantino | Una traza, mi bien, pienso<br>con que al de Chipre dar muerte,<br>que importa a nuestro reposo |

(Tocan cajas y sale un Criado.)

¿Qué es esto?

| | |
|---|---|
| Criado | César invicto:<br>Roselio viene de Egipto<br>y su soldán victorioso. |
| Constantino | Él viene a buena ocasión;<br>premio su esfuerzo merece.<br>Un medio el cielo me ofrece<br>importante a mi intención.<br>A ver su entrada salgamos,<br>que es un famoso soldado.<br>Buena maraña he forjado;<br>mataránse los dos, vamos. |

(Vanse. Salen Irene, de pastor, y Andronio.)

| | |
|---|---|
| Irene | Tu lealtad al mundo asombre;<br>la fama te inmortalice,<br>y en mármoles eternice,<br>pastor famoso, tu nombre. |
| Andronio | ¿Vaste? |
| Irene | Sí, que es largo el trecho |

de nuestro pueblo y es tarde.

Andronio          Anda con Dios.

Irene                          Él te guarde
y me saque de este estrecho.

(Vase Irene.)

Andronio          ¿Contó jamás la mentirosa Fama
igual suceso y caso de esta suerte
en cuantas partes de sus plumas vierte
las nubes portentosas que derrama?
       ¿Contó jamás de un hombre que en la llama
se abrasa de Amor, dios cobarde y fuerte,
que pretenda gozar y dar la muerte
a un mismo tiempo a quien adora y ama?
       Rigor es inaudito y sin segundo;
mas, por vivir, a hacerle me provoco,
pues en su ejecución mi vida fundo.
       Cuente la Fama, pues, mi intento loco,
que yo sé que dirá después el mundo
que en un reino al revés todo esto es poco.

(Vase. Salen soldados y sacan mesa, vela, dados y juegan.)

Soldado I          Sacar dineros, soldados.

Soldado II         ¿No hay harta noche?

Soldado I                          ¿Qué importa,
si la más larga es más corta
cuando se juega? Echen dados.
       Pasé a nueve.

**84**

| | |
|---|---|
| Soldado II | Topo y gano, los tres a once. |
| Soldado III | Topo aquí y aquí. ¡Voto a Dios, gané! |
| Soldado IV | Perdí. Venturosa fue esta mano. Eche. |
| Soldado II | A ocho he de parar, ¡esto! |
| Soldado I | Pase, no le duela. |
| Soldado III | Despabilen esa vela. |
| Soldado II | Repárola. |
| Soldado I | Topo. |
| Soldado IV | ¡Azar! |
| Soldado II | Siete y llevar. |
| Soldado I | Lléveme el diablo si aquésta pierdo. |

(Salen Tarso, con el traje de Irene, y Andronio.)

| | |
|---|---|
| Andronio | No hay, señora, amante cuerdo; Amor es ciego y no ve. Dadme gusto, y vive Dios |

que del fiero matricida
ponga en salvo vuestra vida
huyendo juntos los dos.
　　Ea, respondedme, pues
veis a lo que estoy dispuesto.

Tarso (Aparte.)　　　(¡No faltaba más que aquesto
para andar todo al revés!
　　Ya no puede durar nada,
habiendo luz, mi disfraz.
Ánimo, ciego rapaz,
quitarle quiero la espada.)

(Quítale la espada a Andronio.)

　　　　　　　Hombre no más que en el nombre,
tu muerte tiene de ser
un hombre que hecho mujer
dará muestras de que es hombre.
　　Irene huyó; mi valor
la dio libertad.

Andronio　　　　　　　Soldados,
dejad los infames dados,
matad a aqueste traidor.

(Echan mano todos contra Tarso.)

Soldado I　　　　　¿Traidor? Traidora dirás.
¿No es mujer?

Tarso　　　　　　　Cuando lo fuera,
bastante una mujer era
para vosotros, y aun más.

**86**

| | |
|---|---|
| Andronio | Muera, que es un vil pastor. |
| Tarso (Aparte.) | (Huid, que es lo que os conviene, <br> que con el traje de Irene <br> me ha vestido su valor.) |

(Vase.)

| | |
|---|---|
| Andronio | Seguidle, escuadrón cobarde. |
| Soldado I | Vamos. |

(Vanse los soldados.)

| | |
|---|---|
| Andronio | ¡Ay, cielo enemigo! <br> el césar me da un castigo <br> atroz, no es bien que le aguarde; <br> huyamos, pues, vida amada, <br> que estáis en notable estrecho. <br> ¡Qué buena burla me han hecho <br> a no salir tan pesada! |

(Vase. Salen Roselio y Constantino.)

| | |
|---|---|
| Roselio | ¿Mi hermana, cielos, manchó <br> su sangre siendo liviana? <br> ¡Jesús! ¿mi hermana? ¿mi hermana? <br> ¿duermo? ¡Mas ay, Dios, que no! |
| Constantino | Yo os pondré, Roselio, en parte, <br> donde del daño que digo, <br> siendo vos propio el testigo, <br> cojáis a Venus con Marte. |

| | |
|---|---|
| Roselio | Alto, pues, honra perdida. |
| | La venganza es bien que os cuadre; |
| | vamos, no sepa mi padre, |
| | señor, mi triste venida |
| | hasta que de mí colija |
| | que el cielo le quiso dar |
| | hijo que sabe vengar |
| | las infamias de su hija. |

(Vase.)

| | |
|---|---|
| Constantino | Bien se traza de esta suerte; |
| | de noche es; haré, aunque ladre |
| | contra mí el vulgo, que un padre |
| | y un hijo se den la muerte. |

(Vase. Sale el Rey de Chipre y luego Roselio.)

| | |
|---|---|
| Rey | Éste es el teatro, honor, |
| | donde el mundo representa, |
| | anque a oscuras, nuestra afrenta, |
| | tu venganza y mi rigor. |
| | El papel tienes mejor. |
| | Sal, si decirle procuras, |
| | y si a mucho te aventuras |
| | a oscuras, no temas, llega, |
| | que pues la venganza es ciega |
| | bien puedes vengarte a oscuras. |

(Sale Roselio por la otra puerta.)

| | |
|---|---|
| Roselio | Aquí me trajo el augusto, |
| | donde a oscuras he de ser |

lince, que tengo de ver
mis agravios, ¡mundo injusto!
A oscuras vengarme gusto;
que si la luz es testigo
de la deshonra que digo,
saldráse a luz mi despecho,
y delito a oscuras hecho
a oscuras pide castigo.

Rey              Parece que las pisadas
del adúltero me avisan
que sus plantas viles pisan
de mi infamia las moradas;
ánimo, venas heladas,
dad a la venganza rienda
y no sufráis que os ofenda
sangre vil, sin sacar sangre;
que la afrenta que es de sangre
justo es que la sangre encienda.

(Saca la daga.)     Salid, vengativa daga,
y cuando pase, abrid paso
a su vida, que en tal caso,
solo así mi honor se paga.

Roselio       No sé, cielos, lo que haga;
temblando voy; mas, honor,
¿dónde está vuestro valor?

(Saca otra daga Roselio.)

              ¿De qué tembláis, brazo flojo?
Mas también tiembla el enojo
cuando echa fuera el temor.

(Sale Clodio por en medio de ellos.)

Clodio
               Ésta es la dichosa hora
               para mi ventura cierta,
               y este el cuarto de la puerta
               donde me aguarda Lidora.
               Presa aquí la infanta mora;
               gozar quiero la ocasión
               y abrir.

Rey
                    Ahora, corazón,
               sacad la flaqueza fuera.
               Muera el vil.

Roselio
                      El traidor muera.

(Danle los dos, uno por las espaldas, otro por el pecho.)

Clodio
               ¡Ay, muerto soy, confesión!

(Sale Constantino.)

Constantino (Aparte.)    (Que se mataron colijo
               los dos, traza fue excelente.)
               ¡Ah de mi guarda! ¡Hachas! ¡Gente!
(Sacan hachas.)        ¿Qué es aquesto?

Roselio
                     ¡Padre!

Rey
                     ¡Hijo!

Constantino (Aparte.) (Trocóse mi regocijo;
               vivos los dos han quedado.
               ¿Todo al revés, cielo airado?)

| | |
|---|---|
| Roselio | ¿Señor? |
| Rey | Infante, ¿en tal parte?<br>¿a qué viniste? |
| Roselio | A vengarte. |
| Rey | Ya yo propio me he vengado.<br>¡Ay invicto emperador!<br>que a mi costa salió cierto<br>lo que dijiste. Ya he muerto,<br>no castigado, al traidor.<br>Pero, ¿cómo mi rigor,<br>siendo la injuria sangrienta,<br>con tan poco se contenta?<br>Vamos, que una muerte sola<br>no basta. ¡Muera Carola! |
| Roselio | Muera, y con ella esta afrenta. |

(Vanse los dos.)

| | |
|---|---|
| Constantino | Mátenla y podré gozar<br>seguro esposa e imperio.<br>¡Ah desdichado Liberio,<br>tú lo hubiste de pagar!<br>¿Quién te trajo a este lugar<br>para morir sin reparo?<br>Llevadle de aquí. ¡Qué avaro<br>te fue el cielo! ¡Ay mi Lidora!<br>Dirás que te salió ahora<br>tu amor e imperio bien caro. |

(Vase. Sale Carola medio desnuda.)

Carola        Ya no hay, Fortuna atrevida,
con que perseguirme más.
¿Estás contenta? No harás,
porque aún me ves con la vida.
Solo el honor me convida
a guardarla, que no huyera
si honrada morir pudiera.
Esta puerta sale al mar.
Peces, ¿queréisme ayudar
en persecución tan fiera?
    ¡Qué de cosas he perdido
juntas, mundo burlador!
Imperio, esposo y honor,
padre, hermano y el vestido;
casi desnuda he salido
huyendo mi muerte. Pies
huyamos a la mar, pues
quizá en su golfo profundo,
andará derecho el mundo
pues en tierra anda al revés.

Fin de la segunda jornada

**Jornada tercera**

(Sale Irene vestida de pastor.)

Irene          Monte soberbio, que entre pardas nubes
de estrellas coronado
imitas a Nembrot y al Sol asaltas,
pues hasta el cielo subes;
si a la verdad que allá se fue has mirado,
vivir de asiento en sus moradas altas,
declárale las faltas
que en la tierra introdujo la malicia;
dile que no hay justicia,
que el mundo y su gobierno está de modo
que, andando al revés todo,
del hijo la madre huye,
porque su vida, bárbaro destruye,
hallando aunque te asombres,
en tus fieras piedad, mas no en los hombres.

(Sale Tarso, de pastor. Dentro Carola y un Marinero.)

Tarso          En tus fieras piedad, mas no en los hombres,
pienso hallar monte espeso,
que ya en los hambres tu aspereza fundo.
Trocad, brutos, los nombres
por ellos, que por más brutos confieso
los que hombres llama el engañado mundo;
un príncipe iracundo
que a su madre ha querido dar la muerte,
hace que de esta suerte
huya, porque de su tirana furia
estorbe aquesta injuria.
Mi habitación seréis áspero monte,

|  |  |
|---|---|
|  | sepa vuestro horizonte |
|  | que hoy a habitar vuestra esperanza viene, |
|  | Tarso, el pastor que dio la vida a Irene. |

Irene      Aquí, cielos, ¿qué escucho?
Fortuna ciega, no te temo ahora.
Libertador solemne
de aquesta vida con quien peno y lucho,
mi dicha con tu vista se mejora.

Tarso      Bellísima señora,
¿es posible que aquí te trajo el cielo?
Que lo sueño recelo;
vida, en verte recibo.

Irene      Tarso, ¿qué, vienes libre?

Tarso                          Libre y vivo;
porque vengué tu ultraje
con el valor que me vestí en tu traje.

Irene      Pues la Fortuna en paz, su guerra muda,
cese el rigor; piadoso cielo, ayuda.

(Gritan de dentro Carola y un Marinero.)

Carola      ¡Cese el rigor, piadoso cielo, ayuda!

Marinero      No temas, que la tierra
está cerca, señora.

Carola                          ¡Ay mar airada!
¡Vuestro favor acuda;
sed, Virgen, paz en tan confusa guerra,

|  |  |
|---|---|
|  | por ser mujer, cual vos más desdichada! |
| Marinero | Ya no hay que temer nada, |
|  | tira de aquesta cuerda. |
| Irene | Tarso, espera; |
|  | una voz lastimera |
|  | sale del mar. |

(Sale un Marinero mojado y tirando de un cordel, a quien va asida Carola sobre una tabla.)

| Carola | ¡Ay cielos, que me muero! |
|---|---|
| Irene | ¿No ves un marinero |
|  | y una mujer asida a aquella tabla |
|  | que ni se mueve ni habla? |
| Marinero | Libre estás ya del mar, mujer; levanta. |
| Carola | ¡Ay, perseguida y desgraciada infanta! |
| Irene | ¿Ay, perseguida y desdichada infanta? |
|  | ¿Qué desdicha te ha puesto en tal aprieto? |
|  | Mas ¿qué pregunto, si el que de esta suerte |
|  | me hace andar, con desatinos vive? |
|  | ¡Ah, infanta! ¡Ah mi Carola! |
| Carola | ¿Quién me llama? |
| Irene | Irene soy. |
| Carola | ¿Irene? |

| | |
|---|---|
| Irene | La infelice. |
| Carola | ¿La madre de mi esposo? |
| Irene | La que diera<br>por no serlo la vida que él persigue. |
| Carola | Ya muero con contento en tu presencia;<br>dame esos brazos. |
| Irene | No permita el cielo<br>que a ver mis ojos tal desgracia lleguen. |
| Marinero (Aparte.) | (¡Cielos! ¿Ésta es Irene? ¿Ésta es Carola,<br>madre y esposa del monarca griego?<br>Sin duda que el temor de verse presas<br>les hizo que, rompiendo las prisiones,<br>huyesen de este modo. Mas ¿qué aguardo,<br>que no voy a avisar a Constantino?<br>Pues sabiendo por mí que aquí se esconden<br>saldré de pescador con las mercedes<br>que de su mano espero. Adiós, señores,<br>que, pues la infanta, a quien sin conocerla,<br>la vida he dado, en vuestra compañía<br>está segura y libre, yo me parto<br>en busca de los otros compañeros<br>que conmigo saltaron de la barca,<br>cuando la abrieron las mojadas rocas.) |
| Carola | Aún no tengo con qué poder pagarte<br>el favor que me has dado. El cielo quiera<br>darme con que te premie este socorro. |

Marinero (Aparte.)    Adiós. (A dar aviso al César corro.)

(Vase.)

Irene                 Infelice señora, ¿qué fortuna
                      nos persigue a las dos?

Carola                            Aquese monstruo,
                      que por hijo te dio nuestra desdicha,
                      a mi padre y hermano ha persuadido
                      que en adúlteros brazos le deshonro,
                      y huyendo de su furia... Mas —¡ay cielos!—
                      ¡qué terrible dolor! ¡Jesús, que muero!

Tarso                 Pues ten, señora, esfuerzo y no le pierdas,
                      y vamos, que en lo espeso de este monte
                      haremos chozas de sus verdes ramas,
                      y aunque groseras, camas de sus hojas.
                      Mi pedernal y yesca dará lumbre
                      con que enjugar las ropas y abrigarte;
                      y aunque en peligro ponga aquesta vida,
                      iré al lugar y pueblo más cercano
                      a traer de comer, aunque el vestido
                      en trueco deje.

Irene                              Vamos, poco a poco.

Carola                ¡Ay, Jesús, qué dolor!

Irene                             ¡Ay, hijo loco!

(Vanse. Salen Constantino, Macrino y Lidora.)

Constantino           Ya Carola será muerta;

que aunque del padre y hermano
al mar huyó por la huerta,
fueron tras ella, y es llano
que harán su venganza cierta.
    Huyó mi madre también,
y aunque el darla muerte fuera
más seguro, me está bien
que por otras manos muera,
que no me faltará quien
    me asegure el reino y tierra
con su muerte; y pues destierra
su ambición y así se va
de mi imperio, no podrá
con su ayuda hacerme guerra.
    En fin, que el morir Liberio,
aunque con tal vituperio,
fue causa, bella Lidora,
de que gocemos ahora
los dos seguro el imperio.

Lidora     No puedo negar, señor,
la pena que siento en vano
por mi hermano; que su amor
pasaba de amor de hermano
a otro más estrecho amor.
    Mas aunque con ella lucho,
por ser vuestro gusto escucho;
doy por bien su muerte presta,
porque si mucho me cuesta,
entendáis que os amo mucho.

Constantino   Mucho amáis, porque os amé
mucho; ya, gracias al cielo,
mi imperio regir podré,

sin que temor ni recelo
madre y esposa me dé.
    Desde hoy hacer determino
leyes que, de Constantino,
Constantinas llame el mundo,
siendo Licurgo segundo
de Grecia. Llama, Macrino,
    a audiencia todos los presos;
que, pues deshice el senado
que juzgaba sus procesos,
es bien que tenga cuidado
de castigar sus excesos.

Macrino                    Yo voy.

(Vase.)

Lidora                              Esos ejercicios
dan, mi bien, de vos indicios,
reconociendo en vos Grecia
juez que las virtudes precia
y que castiga los vicios.

(Siéntanse.)

Constantino          Sentaos, pues, que vuestro amor
ha de ser mi guía.

(Salen Macrino y un Relator.)

Macrino                              Señor,
ya tienes en tu presencia
presos a quien dar audiencia.

(Salen los presos, y van llegando como los van nombrando.)

Constantino              Diga, pues, el Relator,
                            ¿por qué está aqueste hombre preso?

Relator                   Es un ladrón afamado
                            que, como reza el proceso,
                            ha estado ya sentenciado
                            otra vez a ahorcar.

Constantino                              ¿Por eso?

Relator                      Sí, que son de precio extraño
                            los hurtos que en solo un año
                            en Constantinopla ha hecho.

Constantino              Hágale muy buen provecho;
                            soltarle, no le hagáis daño.
                            Licurgo Lacedemón,
                            cuyas sabias leyes sigo,
                            estableció, y con razón,
                            que no le diesen castigo
                            por ningún hurto al ladrón.
                            Pues sus leyes os enseño,
                            soltarle, que no es pequeño
                            el peligro a que se arroja
                            de que en las manos le coja
                            el hurto al ladrón su dueño.

Macrino                 ¡Buenos jueces!

Relator                     ¡Extremados!

Macrino                 Serán, con tal libertad,

ladrones los más honrados.

| | |
|---|---|
| Constantino | Quiero que haya en mi ciudad<br>castigo de descuidados;<br>  hurta sin que te corrija<br>el temor. |
| Ladrón |            Tu imperio rija<br>desde el Indo Batro al Tibre. |

(Vase.)

| | |
|---|---|
| Constantino | Anda con Dios, vete libre. |
| Macrino (Aparte.) | (No sé de esto qué colija.) |
| Constantino |    Venga otro preso. |
| Relator |          Este mozo<br>ha que está en el calabozo<br>un mes. |
| Lidora |       ¿Y por qué desastre? |
| Relator | Porque hurta, siendo sastre,<br>sin máscara ni rebozo<br>  la mitad de todo cuanto<br>corta. |
| Lidora |      Ya es inclinación<br>muy antigua; no me espanto,<br>si han de vestir un pendón<br>que crece y que dura tanto. |

Constantino          Yo remediaré este daño
sin que haya más engaño,
ni los prendan más por eso;
tomen por medida y peso
de hoy más, los sastres el paño,
   y después que esté cosido,
cuando lo vuelvan a dar,
sea pesando el vestido,
y así no podrán hurtar.

(Vase el Sastre.)

Lidora              Traza de tu ingenio ha sido.

Constantino          Otro.

Relator             Éste es un casado
que ha un año que no hace vida
con su mujer, y hanle hallado
con otra mujer perdida
dos noches.

Constantino          No es gran pecado.
   Ven acá, ¿cuánto ha que estás
casado o cansado, y das
sustento a mujer y casa?

Hombre             Señor, de diez años pasa.

Constantino          Pobre de ti, ¿diez?

Hombre                  Y aún más.

Constantino          Suficientes eran dos

|  | para hacerte padecer<br>un infierno; anda con Dios,<br>mártir eres de mujer,<br>no hagáis más vida los dos. |
| (Vase el Hombre.) | Y pregónese en mi nombre,<br>aunque mi imperio se asombre,<br>de mandatos tan extraños,<br>que de cuatro en cuatro años<br>remude mujer el hombre. |
| Relator | ¿Vos contra la ley cristiana? |
| Constantino | No importa, otra ley me avisa<br>que fuera cosa bien sana<br>el mudar como camisa<br>la mujer cada semana. |
| Macrino (Aparte.) | (¡Ay Grecia, que vas perdida!) |
| Constantino | La experiencia me convida<br>hacerlo de aquesta forma;<br>que no hay más pesada corma<br>que una mujer de por vida.<br>¿Por qué estáis preso? |
| Relator | Señor,<br>en un horno echar le han visto<br>con herético furor,<br>cuando ardiendo estaba, un Cristo,<br>y aún afirma en el error<br>del emperador León,<br>autor de blasfemias tantas,<br>que cuantos adoración<br>a las imágenes santas |

diesen, idólatras son.

Constantino          Dice la verdad más cierta
de cuantas mi ley concierta;
solo a Dios se ha de adorar
del cielo, y no idolatrar
un palo o estatua muerta.
   Y publique Grecia luego
que honrar simulacros tantos
es error de herejes ciego;
las imágenes de santos
se quemen, haciendo un fuego
público, pena de muerte.

Relator             Vuelve, gran señor, en ti.

Constantino          A Dios honro de esta suerte.
¿Contradíceslo tú?

Relator                  Sí.
Oye, Emperador, advierte.
   La adoración que se aplica
a la imagen, prenda rica
de nuestra humana miseria,
no es por ella o su materia,
más por lo que significa.
   Es la imagen como historia
que nos trae a la memoria
en los católicos templos
los portentosos ejemplos
de los que están en la Gloria.
   Si porque de palo son
o plata, los adorara
la cristiana religión

y adelante no pasara
nuestra justa devoción,
    fuera idólatra sin duda
quien una imagen desnuda
reverenciara, y tuviera
por Dios y favor pidiera
a un palo, a una tabla ayuda.
    Mas, como tu sello real
se estima en tu propia cuenta,
no porque es de oro o metal,
sino porque representa
tu dignidad imperial,
    y de quien le depreciara
y en las llamas le arrojara
se agraviara tu corona,
cual en tu misma persona
su locura ejecutara,
    de esa suerte, pues, la gente
que de la inmortal presencia
de los santos vive ausente,
su memoria reverencia
en sus tablas solamente.
    Y si con error tan ciego
mandas que tu imperio griego
queme sus santas figuras,
los mismos santos procuras
echar también en el fuego.

(Levántanse.)

Constantino         Prended a aqueste hablador;
veamos si hay algún santo
que venga a darle favor;
y esté sin comer en tanto

que defendiese este error,
   que debajo de los pies
los he de poner, pues es
idólatra quien los precia.
Bien parece que eres, Grecia,
la república al revés.

(Vanse. Salen el Rey de Chipre y Roselio.)

Roselio          Según dijo el marinero,
las olas del mar amargo
tomaron, padre, A su cargo
vengar nuestro agravio fiero;
   que escondiendo en su profundo
su lascivo cuerpo, intenta
que sepultando tu afrenta
no venga a saberla el mundo.
   A Chipre puedes volverte;
que si Carola ha manchado
su honor, el mar ha lavado
la mancha, con darla muerte.

Rey          ¿Cómo ha de poder lavar
el mar mi justo dolor,
si para manchas de honor
es poca el agua del mar?
   ¡Ay, Roselio, que no puedo
persuadirme a que la infanta
fue autora de culpa tanta,
y temo que ha sido enredo
   del infame emperador!

Roselio          A mí, la propia sospecha
me tiene el alma deshecha.

Rey            Oye, que viene un pastor,
                      y en este desierto quiero
                      saber en qué parte estoy.

(Sale Leoncio, de pastor.)

Leoncio        Cielo airado, ¿dónde voy?
                      ¿Qué pretendo? ¿En quién espero?
                        Mi suerte vil, ¿qué procura?
                      ¿De quién huyo, si conmigo
                      traigo el mayor enemigo,
                      que es la falta de ventura?
                        ¡Ah Fortuna vil! ¿Así
                      das a Leoncio sosiego?
                      ¿Es éste el imperio griego
                      y mundo que abierto vi?
                        Mas, cómo juegas y burlas,
                      burláronme tus quimeras,
                      tú me afrentarás de veras,
                      pues que me honraste de burlas.

Rey            ¡Leoncio! ¡Oh, dichoso el día
                      en que el cielo soberano
                      quiere, que vengue mi mano
                      vuestra deshonra y la mía!

(Cógenle los dos y sacan las dagas.)

                      ¡Ah, traidor! Aquí tu insulto
                      me pagarás sin huir;
                      que Dios sabe descubrir
                      lo más secreto y oculto.

| | |
|---|---|
| Leoncio | ¿Roselio? Rey, gran señor detente, escucha primero. |
| Roselio | ¡Ah, lobo vil, que el cordero despedazas de mi honor! ¿Qué injuria te hice jamás que así mi sangre deshonras? |
| Rey | Ladrón cruel de las honras, yo haré que no robes más. |
| Leoncio | Si con mi muerte te pagas de tu agravio, morir quiero; mas óyeme rey, primero, para que te satisfagas; que ese furor ya imagino y sé que debe de ser por haberte hecho creer que te afrenté, Constantino. Mas la noche que a Carola de esposa la mano dio en su lugar pretendió, gozar a su dama sola, y dándome de ello cuenta, me mandó que procurase cómo la infanta quedase ignorante de esta afrenta. Yo, que en la amorosa llama de Lidora me encendí, al revés la traza di, y trocando cuadra y cama, su esposa el césar gozó, que era Lidora creyendo, y al mismo tiempo fingiendo |

que era Constantino yo,
en nombre suyo gocé
la hermosura de Lidora,
y a la infanta, mi señora,
de aquesta suerte vengué.
Y en este fingido traje,
temiendo fuese sabida
mi traza, libré la vida.
Si esto ha sido hacerte ultraje,
mátame, rey, mas no creo
que lo juzgarás portal.

Rey           Antes muestras de leal,
Leoncio, en tu rostro veo;
yo estoy cierto que has contado
la verdad, porque acá dentro
el corazón en su centro
así lo había adivinado.
Roselio, ¿qué te parece
si fue cierto mi temor?

Roselio     Estoy confuso.

Rey                 ¡Ah traidor
Constantino! Bien parece
que eres griego, descendiente
de Ulises y sus engaños.
No corte el hilo a mis años
la Parca, que venir siente
mi vejez larga y prolija,
hasta que asuele tu imperio;
.................. [-erio]
vengue mi difunta hija.

| | |
|---|---|
| Leoncio | ¡Válgame Dios!, pues ¿es muerta? |
| Rey | ¡Ay, Leoncio amigo, sí,<br>ya murió! Mas vive en mí<br>su venganza. |
| Leoncio | Será cierta,<br>si a tu reino luego partes<br>y embarcando armas y gente<br>sobre Grecia de repente<br>pusieres tus estandartes<br>en las famosas almenas<br>de Constantinopla, adonde<br>nuestro enemigo se esconde;<br>que mientras tu campo ordenas,<br>yo en persona partiré<br>a las legiones que están<br>sin caudillo y capitán<br>en Armenia, y las haré<br>amotinarse y venir<br>contra este desatinado<br>que a todos nos ha afrentado.<br>Fácil será persuadir<br>al ejército que haga<br>esto, y más que los soldados<br>se ven de él menospreciados<br>y ha un año que no les paga. |
| Rey | Pues con aquesa esperanza<br>yo me parto. |
| Leoncio | Y yo también. |
| Rey | Muerte, tu curso detén |

hasta que me des venganza.

(Vanse. Sale Lidora, con Camila a tocarse al espejo, y siéntase.)

Camila             ¿Qué vestido has de ponerte?

Lidora             Cualquiera; saca el morado
sobre tela acuchillado.

Camila             Triste estás de aquesta suerte.

Lidora             ¿Triste? ni por pensamiento;
lo morado, ¿no es amor?

Camila             Sí; pero aquese color
es de cuaresma o adviento.

Lidora             Salga el turquesado, pues.

Camila             Deja lo azul a los cielos,
no te pronostiques celos;
el de rosa seca es
      buen color y grave.

Lidora                      Quita
allá tanta terquedad;
que la rosa de mi edad
ni está seca ni marchita.

Camila             Ponte el de flor de romero.

Lidora             La color es extremada,
pero el nombre no me agrada.

| | |
|---|---|
| Camila | ¿No le quieres? |
| Lidora | No le quiero. |
| Camila | ¿Qué es la causa porque cobres<br>odio al romero? |
| Lidora | ¿No ves<br>que huele a pobreza y es<br>la pastilla de los pobres? |
| Camila | Pues traeréte el verde oscuro. |
| Lidora | Verde oscuro, ¿qué mudanza<br>entristece mi esperanza?<br>¿No vive mi amor seguro? |
| Camila | Ponte el blanco. |
| Lidora | Es de novel<br>que se arma caballero. |
| Camila | ¿Pajizo? |
| Lidora | No desespero. |
| Camila | ¿Encarnado? |
| Lidora | Es muy cruel. |
| Camila | ¿Verdemar? |
| Lidora | No me contenta,<br>que esperanza puesta en mar |

o se tiene de anegar
o ha de padecer tormenta.

Camila           El leonado es a mi gusto.

Lidora            No me llamo yo Leonora
ni estoy congojada ahora.

Camila           Ponte el negro.

Lidora                  De ese gusto
ningún color se le iguala,
por eso con él me alegro,
que sale sobre lo negro
por extremo cualquier gala.
   Ponle los botones de oro
porque no digan que es luto.

(Sale Constantino.)

Constantino     A darte viene tributo
el amor con que te adoro.
   La sala de mi consejo,
llena de mil negociantes
y embajadas importantes
solo por tu causa dejo,
   que tiene que negociar
mil cosas contigo el alma
y vive sin verte en calma.

Lidora             Déjame, mi bien, tocar.
   Por fuerza has, señor, de ver
mis faltas. ¡No me dejaras
tocar primero!

| | |
|---|---|
| Constantino | Dos caras |
| | suelen dar a la mujer, |
| | una hermosa y otra fea; |
| | la hermosa es cuando compuesta |
| | hace al gusto plato y fiesta |
| | y los sentidos recrea. |
| | Pero cuando se levanta |
| | dicen que pone temor, |
| | que una cara en borrador |
| | no enamora, sino espanta. |
| | De ti otro tanto juzgara |
| | a no venirte así a ver, |
| | mas ya sé que, aunque mujer, |
| | no tienes más de una cara. |
| | |
| Lidora | Reír me has hecho; alza más |
| | aquese espejo. |
| | |
| Constantino | ¿Está bien? |
| | |
| Lidora | Sí; aquesos cabellos ten. |
| | |
| Constantino | Los rayos del Sol dirás. |
| | |
| Lidora | ¿Estoy a tu gusto? |
| | |
| Constantino | Sí. |
| | |
| Lidora | Pues no sé cómo, que dejo |
| | de mirarme en el espejo, |
| | mi bien, por mirarme en ti. |
| | |
| Constantino | Suelta estos pocos cabellos |

al descuido, que es donaire
verte el rostro cuando el aire
está jugando con ellos.
Ahora que te has tocado,
mírate bien, cara esposa,
verás si es mi dama hermosa
y si estoy bien empleado.

Lidora          No por cierto; más mereces,
que es fea y de necio trato,
mírate tú en tu retrato
y verás cuán bien pareces.

(Mírase Constantino en el espejo y espántase.)

Constantino          ¡Ay!

Lidora          ¿Qué has visto?

Constantino                    Un hombre armado
del propio rostro y figura
de Leoncio, que procura
matarme.

Lidora                    ¡Lindo has estado!
¿pensabas burlarme así?

Constantino          ¿Turbárame a no ser cierto
lo que he visto?

Lidora                    ¿A Leoncio muerto
no le trajeron aquí?
Calla, que ése es devaneo.

**115**

| | |
|---|---|
| Constantino | ¡Ay cielos! Quítale allá.<br>¿No le has visto cual está? |

(Vuelve a mirarse.)

| | |
|---|---|
| Lidora | Sola aquí mi imagen veo. |
| Constantino | Alguna hechicera vil<br>me pretende dar la muerte<br>con hechizos de esa suerte;<br>y si es encanto sutil<br>   no hago de hechizos caso<br>que soy otro Ulises yo.<br>Leoncio ya se murió,<br>   ¿qué mal puede hacerme? |

(Salen un Marinero y Macrino.)

| | |
|---|---|
| Marinero | Paso. |
| Macrino | Aguárdate allá, grosero. |
| Marinero | Si está aquí el emperador<br>téngole de hablar. Señor,<br>yo, que un pobre marinero<br>   soy, he sabido que das<br>premio a quien noticia tiene<br>de la emperatriz Irene. |
| Constantino | ¿Tiénesla tú? |
| Marinero | Sí; sabrás<br>que en los montes más cercanos<br>de Constantinopla está, |

|            |                                |
|------------|--------------------------------|
|            | y fácilmente vendrá,           |
|            | ella y Carola a tus manos,     |
|            | porque si no es un pastor      |
|            | no tienen otra defensa.        |
| Constantino | Digno eres de paga inmensa;   |
|            | premiaráte mi favor.           |
|            | Y a fe que ha de ser de traza  |
|            | que en vida y trato mejores.   |
|            | Llamadme mis cazadores,        |
|            | que quiero salir a caza.       |
| Lidora     | Pues yo os he de acompañar,    |
|            | que una caza como aquésa       |
|            | promete famosa presa.          |
| Constantino | A mi madre he de cazar;       |
|            | que pues su vida me mata,      |
|            | matarla por vivir quiero.      |
| Lidora     | Camila, dame el baquero        |
|            | de verde y hojas de plata.     |

(Vanse. Salen Leoncio de pastor, y soldados.)

| Leoncio | Soldados del griego imperio;   |
|---------|--------------------------------|
|         | capitanes valerosos            |
|         | de vuestra patria defensa,     |
|         | de los contrarios asombro;     |
|         | vosotros que tantas veces      |
|         | las banderas habéis roto       |
|         | de la multitud morisca,        |
|         | y a quien tiembla el mundo todo; |
|         | vosotros que habéis vencido    |

tantos bárbaros remotos,
como son: tártaros, persas,
húngaros, polacos, godos;
vosotros, griegos, en fin,
¿consentís que os rija un mozo,
un emperador hereje,
un disparatado, un loco?
¿Qué es de vuestro valor, griegos?
¿Qué es del renombre glorioso
con que el magno Constantino
pasó aquí su imperial trono?
¿Sabéis a qué Augusto César
honran las hojas de Apolo?
¿Queréis ver que hazañas hace?
Escuchadme, pues, un poco.
A la emperatriz Irene,
que acaudillándoos a todos,
con ser mujer, dejó atrás
los hechos del Macedonio,
prendió, y queriendo matarla,
huyó a los desiertos solos,
donde desterrada habita
entre tigres pardos y osos.
La hija del rey Chipre,
a quien dio mano de esposo,
fue por él menospreciada
la noche del desposorio,
y con una dama suya
casada otra vez, ha roto
la ley de Dios retirando
el primero matrimonio.
Los senadores ha muerto,
desterrado vive Andronio,
y premiando a quien me mate

huyo en este traje tosco.
Pero todo aquesto es nada,
que de lo que más me asombro,
es que a Dios pierde el respeto.
Los simulacros devotos
de Cristo y su madre y santos
echa en el fuego furioso
y la adoración les niega;
prisiones y calabozos
de mil católicos llenos,
para el martirio están prontos,
por no seguir las blasfemias
de este bárbaro furioso.
¿Este emperador tenéis,
capitanes belicosos?
¿Éste consentís que viva?
¿Acaso es por los tesoros
que con vosotros reparte?
Yo sé que no; porque solo
los gozan los lisonjeros,
truhanes, rameras y otros
semejantes en sus vicios,
pues ha un año que estáis todos
sin pagas y despreciados.
¡Alto, soldados famosos!
Sacudid este vil peso
de vuestros honrados hombros,
y muera aqueste tirano
de Grecia y del mundo oprobio.

Uno          ¡Leoncio, semper augusto,
             viva y reine!

Todos                    ¡Viva Leoncio!

| | |
|---|---|
| Leoncio | No, soldados, otro habrá<br>más digno del cargo honroso<br>que me dais. |
| Todos | ¡Leoncio viva! |
| Leoncio | Legiones de Armenia, hoy pongo<br>en vuestras manos mi vida, |
| Todos | ¡Viva Leoncio! ¡Viva Leoncio! |
| Leoncio | Pues emperador me hacéis,<br>desde hoy a mi cargo tomo<br>vuestra defensa; marchad<br>a Constantinopla todos,<br>que allí el de Chipre me aguarda<br>con armas, gente y socorro<br>en venganza de su injuria.<br>¡Cielo benigno y piadoso,<br>ya miro cierto y cumplido<br>el pronóstico dichoso<br>de mi imperio; no permitas<br>que tenga fin lastimoso!<br>¡Alto, a Grecia, capitanes,<br>que os aguardan sus tesoros! |
| Uno | ¡Muera el loco Constantino! |
| Todos | ¡Viva Leoncio! ¡Viva Leoncio! |

(Vanse, llevándole en brazos; suena dentro ruido de caja y gritan. Salen Constantino, Macrino y otros.)

| | |
|---|---|
| Constantino | No vengo a cazar fieras ni es mi intento |
| | que tras el oso o tigre el lebrel ladre; |
| | cesen las voces que atronáis el viento, |
| | que aquesta caza no es razón que os cuadre. |
| | Si en ella pretendéis darme contento, |
| | en vez de jabalí cazad mi madre, |
| | que ella es la presa que pretendo sola. |

(Sale Lidora de caza.)

| | |
|---|---|
| Lidora | Cazadores, ¿qué hacéis? Dadme a Carola. |
| | |
| Constantino | ¡Oh, mi nueva Diana! A veros Febo |
| | en ese traje, que érades creyera |
| | su antigua Dafne, y con curso nuevo |
| | segunda vez gozaros pretendiera. |
| | |
| Lidora | Como solo con vos el gusto cebo, |
| | Dafne esquiva para Febo fuera |
| | vueltos laurel mis desdeñosos brazos, |
| | que solo son de vuestro cuello lazos. |
| | |
| Constantino | El Sol, que aquese disfavor escucha, |
| | intenta, por vengarse, que os ofenda |
| | de su luz el calor que ahora es mucha; |
| | haced, mi bien, que os armen una tienda |
| | al pie de aquella encina, mientras lucha |
| | mi amor con vuestra ausencia, porque emprenda |
| | el fin que intento, y vuestro gusto trace |
| | cuando a mi madre con Carola cace. |
| | |
| Lidora | Pedidme albricias cuando halléis la infanta, |
| | que a fe que he de intentar nuevos favores, |
| | y porque Apolo su cenit levanta, |

adiós, querido esposo.

Constantino                    Adiós, amores.
¡Alto, amigos! No quede peña o planta
que no busquéis, pues de los cazadores
el que hoy lo fuese de mi madre Irene
ser cazador mayor por premio tiene.

Cazador I             Dichoso quien tuviere tal ventura;
señores, cada cual tome el camino
distinto y busque solo la espesura.

Cazador II            Bien dices; irme solo determino.

Constantino           Gana de dormir tengo.

Macrino                        Pues procura
al margen de este arroyo cristalino
recostarte, o al pie de aquellas hayas,
que yo te guardaré.

Constantino                   Pues no te vayas.

(Échase a dormir.)

Macrino               El apacible sitio me convida
de aquella zarza con taray funesto
y parras enlazada y retejida.
Adiós, durmióse; el sueño tiene presto;
a mi zarza me voy que en ella anida
un ruiseñor y es agradable el puesto.
¡Que el sueño ponga a un hombre de esta suerte!
Bien dicen que es imagen de la muerte.

(Échase a dormir. Descúbrese una rueda grande, a cuyos pies estará Constantino durmiendo, y en la cumbre estará asentada Irene, armada, con espada, mundo y corona, y a un lado Carola, que va subiendo, y a otro Leoncio, cabeza abajo, como que se precipita; y a una parte la Fortuna, vendados los ojos, la cual dice primero de dentro.)

Fortuna
¡Ah, Constantino!

Constantino
¿Quién mi sueño asalta?

Fortuna
La que es más variable que la Luna;
la que al tiempo mejor se muda y salta.

Constantino
¿Qué quieres, diosa ciega e importuna?

Fortuna
Tu silla derribar, que está muy alta.

(Descúbrese la rueda.)

Constantino
¿Qué rueda es ésa?

Fortuna
La de la Fortuna.

Constantino
¿No estaba encima yo, mudable rueda?
Pues ¿cómo estoy abajo?

Fortuna
Como rueda.

Constantino
¿Quién es aquella, pues, que en lo alto tiene
el trono que he heredado de mi padre?

Fortuna
Ésta es, cruel, la emperatriz Irene,
que ya se menosprecia en ser tu madre;
presto verás que a castigarte viene,

**123**

pues porque al cielo tu castigo cuadre,
a cuyos santos das tantos enojos,
te ha de sacar aquesos viles ojos.

Constantino      Temerosa visión, Fortuna loca,
¿portan pequeña culpa, pena tanta?

Fortuna      Según la que mereces, ésta es poca.

Constantino      ¿Quién es ésa que sube y se levanta
en tu rueda, que a envidia me provoca?

Fortuna      Carola es ésta, la inocente infanta
a quien risueña, su fortuna esquiva,
la mano ha dado porque suba arriba.

Constantino      Su virtud lo merece; y ¿qué soldado
es aquél, diosa fácil, a quien quitas
la corona imperial que le habías dado
y al suelo de tan alto precipitas?

Fortuna      Leoncio es, que el imperio te ha quitado,
a quien prenderá Irene.

Constantino      Al fin limitas
en el caer, si en el subir; ¿y es cierto
que es emperador?

Fortuna      Sí.

Constantino      Pues ¿no era muerto?

Fortuna      Vida tirana por tu daño tiene,
y ya llega a prenderte.

| | |
|---|---|
| Constantino | ¡Ah, de mi guarda! |

(Ciérrase la apariencia.)

¡Filipo! ¡Lesbio! ¡Alesio! ¿nadie viene?
¡Ah, Macrino!

(Sale Macrino.)

| | |
|---|---|
| Macrino | Señor, ¿quién te acobarda? |
| Constantino | Prende a Leoncio, da la muerte a Irene, saca la espada. |
| Macrino | Ya la saco, aguarda. |
| Constantino | Mata a Carola. |
| Macrino | Ten, señor, sosiego. |
| Constantino | ¿A Leoncio no ves monarca griego? |
| Macrino | Soñando estás, que no hay persona alguna en todo aquesto que inquietarte pueda. |
| Constantino | Luego ¿no ves la rueda de Fortuna? |
| Macrino | ¿Qué rueda o qué Fortuna? |
| Constantino | Vi su rueda, y en ella, hasta la esfera de la Luna, está mi madre, que en su cumbre queda. Sube Carola, cae Leoncio al suelo, |

|              | y yo, abatido, mi prisión recelo. |
|--------------|-----------------------------------|

| Macrino | Déjate de eso, gran señor, sosiega, |
|---------|-------------------------------------|
|         | pues, es creer en sueños, desatino. |

| Constantino | ¿Leoncio, cielos, en mi silla griega? |
|-------------|----------------------------------------|

(Salen dos criados, uno tras otro.)

| Criado I | Huye la muerte, invicto Constantino, |
|----------|--------------------------------------|
|          | que ya Leoncio en busca tuya llega   |
|          | con la gente de Armenia.             |

| Constantino | ¿Ves, Macrino, |
|-------------|----------------|
|             | cómo soñé verdad? |

| Criado I | Toda tu gente |
|----------|---------------|
|          | le llama augusto césar del oriente. |
|          | Entró en Constantinopla, y en la plaza |
|          | la corona le dio su patriarca, |
|          | y sabiendo que aquí viniste a caza, |
|          | te viene a dar la muerte. |

| Criado II | Gran monarca, |
|-----------|---------------|
|           | el de Chipre las olas embaraza |
|           | al pie de aqueste monte, echando a tierra |
|           | gran multitud de gente en son de guerra. |

| Constantino | ¡Todos son contra mí! Mas no me espanto, |
|-------------|------------------------------------------|
|             | que he sido contra todos, ¿No hay do pueda |
|             | huir la muerte, pues el cielo santo |
|             | es mi enemigo y su favor me veda? |
|             | Seguí mis torpes vicios hasta tanto |
|             | que me han puesto debajo de tu rueda, |

Fortuna vil. ¿Por qué razón me infamas?
¡Mas, ay, que eché los santos en las llamas!

(Vanse. Sale Carola vestida de pieles.)

Carola               Ya creí, Fortuna airada,
que viviendo entre las fieras
me dejaras y estuvieras
con mis desdichas vengada.
    Mas, pues hasta aquí me sigues,
mi muerte te es de importancia,
dime, pues, ¿por qué ganancia,
Fortuna vil, me persigues?
    ¿Cuándo entiendes de poner
fin a tu venganza fiera?
Tenme lástima, siquiera
por ser, como tú, mujer.
    Mas —¡ay cielos!— que imagino
que ya mi fin se llegó.

(Tocan de dentro cajas. Salen marchando Leoncio y soldados.)

Leoncio          No seré emperador yo
mientras viva Constantino.
    Buscadle, que mi rigor
en su oprobio y vituperio,
me trae por cazar su imperio,
a caza del cazador.
    Pero ¿qué mujer es ésta
que aquí llora, triste y sola?
Cielos, ¿no es ésta Carola,
infanta? Haga Chipre fiesta,
    si sois vos; albricias pida
la Fama por tantos bienes.

| | |
|---|---|
| Carola | ¿Qué es esto Leoncio? ¿Vienes<br>para dar fin a mi vida?<br>  ¿Envía por mí el augusto<br>Constantino? |
| Leoncio |   Yo, señora,<br>soy solo el augusto ahora,<br>que de vuestro gusto gusto.<br>  El lauro imperial me ha dado<br>Grecia de todo el oriente,<br>y de que estáis inocente<br>el rey de Chipre informado.<br>  Justas venganzas concierta<br>y con ejército viene<br>en mi favor, aunque os tiene<br>él y Roselio por muerta.<br>  Yo le dejé satisfecho<br>de vuestro mucho valor. |
| Carola | Si resucita mi honor,<br>cielo, poco mal me has hecho. |
| Leoncio |   ¿Quién os pudo sustentar<br>sola en aquesta espesura? |
| Carola | Quiso mi suerte y ventura<br>que, habiéndome echado al mar<br>  casi muerta, a tierra vino<br>a darme el vital favor<br>Irene, con un pastor<br>que, huyendo de Constantino,<br>  en este desierto tiene<br>más amparo que en su hijo. |

**128**

Leoncio (Aparte.)  (Ya mi perdición colijo,
si halla mi campo a Irene.
Importaráme quitarla,
si quiero imperar, la vida
antes que sea conocida.)
¿Dónde, infanta, podré hallarla?

Carola  ¿Qué es lo que quieres hacer?

Leoncio  ¿Que? Respetarla y tenella
por señora, pues es ella
quien me ha dado vida y ser.
(Aparte.)  (Otro intenta el corazón.)

Carola  Si eso es así, vamos donde
de su propio hijo se esconde.

Leoncio (Aparte.)  (Ya temo mi perdición.)

(Gritan adentro.)

Todos  ¡Viva Irene, viva Irene!

Leoncio (Aparte.)  (¿Qué es esto, Fortuna esquiva?)

Todos  ¡Viva Irene, Irene viva!

Otro  A Irene el imperio viene.

(Sale un Soldado.)

Soldado  Todo tu campo, señor,
se amotina; en salvo ponte,

que hallando a Irene en el monte
huyendo con un pastor,
el ejército la aclama
por emperatriz augusta
y ya de tu muerte gusta
y a voces tu nombre infama.

Leoncio          ¡Ah! ¡Variable Fortuna,
qué poco estuviste queda!
¡Subírteme en tu vil rueda
hasta el cerco de la Luna,
y ya me vences y ultrajas!

Todos            ¡Viva Irene, Irene viva!

Leoncio          ¿Por qué me subiste arriba
pues que tan presto me abajas?

Uno              Emperatriz es Irene,
ella viva, Leoncio muera.

Carola           ¡Cielos! Pues Irene impera,
¿qué aguardo? Pero ya viene.

(Salen Irene y soldados.)

Irene            A lo menos en prisión,
soldados, es bien que esté
quien a su emperador fue
traidor; que, si por razón
me da que sus desvaríos
le obligaron a negarle
la obediencia y a quitarle
su imperio y sus señoríos,

responderé que no hay ley
ni razón ninguna hallo
con que despoje un vasallo,
por malo que sea, a su rey.
   No quiero la muerte darte,
aunque la pida tu error,
que un hereje emperador
a aqueso pudo obligarte.
   Pero con tenerte preso
castigaré tu traición.

Leoncio          Tus pies en mi boca pon,
pues mi locura confieso,
   goces señora mil años
del mundo la redondez,
que te conoce otra vez
por su augusta.

Irene                Ya los daños
de nuestra persecución,
infanta, se han acabado;
ya el cielo aclaró el nublado
de su oscura confusión.
   Vos imperaréis conmigo,
dadme los brazos.

Carola              Ya he dado
por feliz mi mal pasado.

Irene         Buscad a aquese enemigo.
   Castigaré la malicia
con que a tantos ofendió,
que, aunque soy su madre yo,
es mi madre la justicia.

Pero ¿qué es esto?

(Suenan cajas. Salen marchando el Rey de Chipre, Roselio y soldados, y sacan a Lidora y a Constantino. Sin espada sale también Andronio.)

| | |
|---|---|
| Rey | ¡Tirano! |
| | De los hombres destrucción, |
| | para tu imperio Nerón, |
| | para tu Dios Diocleciano. |
| | El cielo, que tu mal traza, |
| | me forzó a desembarcar |
| | donde pudiese vengar |
| | mi injuria. |
| | |
| Constantino | ¡Ah infelice caza! |
| | |
| Carola | ¿Mi padre no es el que aquí, |
| | cielos, con mi hermano veo? |
| | ¡Padre mío! |
| | |
| Rey | ¡Si el deseo |
| | no me hace salir de mí! |
| | ¿Carola es ésta?, Mas no, |
| | que es muerta. ¡Fortuna esquiva! |
| | |
| Roselio | Bella hermana, ¿que estás viva? |
| | |
| Carola | Sola mi pena murió. |
| | Dejóme la vida el mar |
| | que vosotros perseguistes. |
| | |
| Rey | Años largos, canas tristes, |
| | bien os podéis alegrar. |
| | Aquesos brazos enlaza |

a aquesta vejez prolija,
y muera yo luego, hija.

Tarso     ¡Dichosa y alegre caza!

Carola     Habla a la emperatriz griega.

Rey     ¿A quién?

Carola          A Irene, por quien
hoy nos vino tanto bien,
y a quien Grecia alegre entrega
    el imperio que otra vez
gozó.

Rey          Qué, ¿aquí estáis señora?
A la cumbre llegó ahora
de sus dichas mi vejez.
    Y pues el cielo ha querido
que otra vez por tal misterio
subáis al famoso imperio
que este tirano ha perdido,
    juzgadle, señora, vos,
que aunque escondido le hallé
y en él vengar intenté
mis injurias, pues que Dios
    os hizo juez superior,
su castigo ejecutad
como madre con piedad,
y como juez con rigor.
    También esta mujer, loca
por vos juzgada ha de ser,
aunque el ser como es mujer
a lástima me provoca.

Irene                    Yo recibo, sabio rey,
                         los presos de vuestra mano,
                         y si en Roma hubo un Trajano
                         tan observante en su ley,
                             dejar en Grecia colijo
                         memoria que al mundo cuadre,
                         sacando, aunque soy su madre,
                         los ojos de un traidor hijo.

Carola                   Eso no, si es justa cosa
                         que en aquesta ocasión llegue
                         a vuestras plantas y ruegue
                         por Constantino su esposa.
                             Perdonadle, si merezco
                         su vida; llegad los dos.

Irene                    Juez de la causa de Dios
                         he de ser. No me enternezco
                             con ruegos. Llevadle preso
                         a una torre y denme cargos
                         todos de sus vicios largos,
                         que sustanciado el proceso,
                             sin que me ablanden los llantos
                         de su esposa, haré de modo
                         que quede vengado todo
                         el mundo, Dios y los santos.
                             Esa mujer que os sirvió,
                         por vos sea castigada,
                         que, pues fue vuestra criada
                         y siéndolo os injurió,
                             infanta, el mayor castigo
                         que al presente puedo darla
                         me parece es entregarla

|  | a su mayor enemigo. |
|---|---|
| Carola | Pues no lo tengo de ser |
|  | con ella en esta ocasión; |
|  | antes, sí mi intercesión |
|  | con vos algo ha de poder, |
|  | os suplico perdonéis |
|  | a Leoncio desde ahora, |
|  | como reciba a Lidora, |
|  | por mujer si os parecéis. |
| Irene | Que se casen es razón. |
|  | Emperadores han sido |
|  | y a un mismo tiempo han caído |
|  | del imperio y su ambición. |
|  | Sea su esposa, y si lo niega |
|  | dadle muerte. |
| Leoncio | Yo, señora, |
|  | digo que quiero a Lidora. |
| Lidora | ¡Yo y todo! ¡Ay, Fortuna ciega! |
| Irene | De secretario mayor, |
|  | Tarso, el oficio tendrás, |
|  | y con el cargo darás |
|  | indicios de tu valor |
|  | digno, que le envidió el mundo. |
| Tarso | Tus pies imperiales beso. |
| Irene | No estoy contenta con eso, |
|  | en premiarte más me fundo. |

**135**

| | |
|---|---|
| Tarso | Das señora testimonio |
| | de quien eres. Ya estoy rico. |
| | |
| Rey | Pues yo también os suplico |
| | que, dando perdón a Andronio, |
| | le volváis a su privanza, |
| | que huyendo de Constantino |
| | a valerse de mí vino. |
| | |
| Tarso | Baste la burla en venganza |
| | que le hice disfrazado |
| | de mujer. |
| | |
| Irene | Yo, Rey, concedo |
| | cuanto pidáis. |
| | |
| Rey | Y yo quedo |
| | por mil partes obligado. |
| | |
| Irene | ¿Dónde al príncipe mi nieto |
| | dejaste, Tarso? |
| | |
| Tarso | Escondido |
| | en un roble le he tenido, |
| | temiendo el mortal aprieto |
| | en que la persecución |
| | nos puso de Constantino. |
| | |
| Irene | En su nombre determino |
| | gozar de la posesión |
| | del imperio; ve por él, |
| | y a Constantinopla vamos |
| | donde bautizar le hagamos. |

| | |
|---|---|
| Carola | Yo con mi padre y con él<br>irme a Chipre determino,<br>porque no podré sufrir<br>en toda Grecia vivir<br>viendo preso a Constantino. |
| Irene | Quédese, pues, el infante<br>por general de la guerra<br>en todo mi imperio y tierra,<br>que de este cargo importante<br>es digno. |
| Roselio | Tus plantas beso. |
| Irene | ¡Alto! ¡A mi corte, soldados,<br>que en ella seréis premiados<br>como merecéis! |
| Todos | Con eso<br>danos, señora, esos pies. |
| Uno | ¡Viva Irene! |
| Todos | ¡Viva Irene! |
| Tarso | Este fin, senado, tiene<br>la república al revés. |

Fin de la comedia

**Libros a la carta**

A la carta es un servicio especializado para

empresas,

librerías,

bibliotecas,

editoriales

y centros de enseñanza;

y permite confeccionar libros que, por su formato y concepción, sirven a los propósitos más específicos de estas instituciones.

Las empresas nos encargan ediciones personalizadas para marketing editorial o para regalos institucionales. Y los interesados solicitan, a título personal, ediciones antiguas, o no disponibles en el mercado; y las acompañan con notas y comentarios críticos.

Las ediciones tienen como apoyo un libro de estilo con todo tipo de referencias sobre los criterios de tratamiento tipográfico aplicados a nuestros libros que puede ser consultado en Linkgua-ediciones.com.

Linkgua edita por encargo diferentes versiones de una misma obra con distintos tratamientos ortotipográficos (actualizaciones de carácter divulgativo de un clásico, o versiones estrictamente fieles a la edición original de referencia).

Este servicio de ediciones a la carta le permitirá, si usted se dedica a la enseñanza, tener una forma de hacer pública su interpretación de un texto y, sobre una versión digitalizada «base», usted podrá introducir interpretaciones del texto fuente. Es un tópico que los profesores denuncien en clase los desmanes de una edición, o vayan comentando errores de interpretación de un texto y esta es una solución útil a esa necesidad del mundo académico.

Asimismo publicamos de manera sistemática, en un mismo catálogo, tesis doctorales y actas de congresos académicos, que son distribuidas a través de nuestra Web.

El servicio de «libros a la carta» funciona de dos formas.

1. Tenemos un fondo de libros digitalizados que usted puede personalizar en tiradas de al menos cinco ejemplares. Estas personalizaciones pueden ser de todo tipo: añadir notas de clase para uso de un grupo de estudiantes,

introducir logos corporativos para uso con fines de marketing empresarial, etc. etc.

2. Buscamos libros descatalogados de otras editoriales y los reeditamos en tiradas cortas a petición de un cliente.